公共行政的中国面向:
一个组织学的视角

郑崇明 著

吉林大学出版社

图书在版编目（CIP）数据

公共行政的中国面向：一个组织学的视角／郑崇明著.—长春：吉林大学出版社，2019.9
ISBN 978-7-5692-5232-3

Ⅰ.①公… Ⅱ.①郑… Ⅲ.①行政学－研究－中国 Ⅳ.①D63

中国版本图书馆CIP数据核字（2019）第164834号

书　　名	公共行政的中国面向：一个组织学的视角 GONGGONG XINGZHENG DE ZHONGGUO MIANXIANG： YI GE ZUZHIXUE DE SHIJIAO
作　　者	郑崇明　著
策划编辑	李潇潇
责任编辑	李潇潇
责任校对	张鸿鹤
装帧设计	博克思文化
出版发行	吉林大学出版社
社　　址	长春市人民大街4059号
邮政编码	130021
发行电话	0431-89580028/29/21
网　　址	http：//www.jlup.com.cn
电子邮箱	jdcbs@jlu.edu.cn
印　　刷	三河市华东印刷有限公司
开　　本	710mm×1000mm　1/16
印　　张	12
字　　数	170千字
版　　次	2019年9月第1版
印　　次	2019年9月第1次
书　　号	ISBN 978-7-5692-5232-3
定　　价	58.00元

版权所有　翻印必究

目 录

第一章 导 论 ………………………………………………………………… 1

第二章 公共行政的组织发生学 …………………………………………… 6
 第一节 制度与组织：合成谬误的规避 ………………………………… 6
 第二节 进步时代的焦虑 ………………………………………………… 10
 第三节 公共行政的理论与实践 ………………………………………… 13
 第四节 危机与方向 ……………………………………………………… 15

第三章 中国公共行政的叙事基础 ………………………………………… 21
 第一节 中国公共行政的大问题 ………………………………………… 21
 第二节 公共行政的现代性遭致 ………………………………………… 25
 第三节 现代性：一个未完成的方案 …………………………………… 29
 第四节 中国公共行政的重建 …………………………………………… 35

第四章 中国特色的政治与行政 …………………………………………… 40
 第一节 公共行政的研究范式 …………………………………………… 40
 第二节 政治与行政的价值困惑 ………………………………………… 42
 第三节 规范性与逻辑实证主义 ………………………………………… 46
 第四节 党政体制及其运行机制 ………………………………………… 49

第五章 行政国家与合法性 ·········· 52
第一节 问题与概念 ············ 52
第二节 中国行政国家的变迁 ········ 56
第三节 中国行政国家的未来选项 ······ 62

第六章 官僚制、公共权力与合法性 ······ 65
第一节 官僚制悖论 ············ 65
第二节 官僚制合法性的理论基础 ······ 68
第三节 公共行政合法性基础的演变 ····· 70
第四节 公共权力合法性变迁的方向 ····· 73

第七章 公共行政的治理结构 ········· 76
第一节 问题的提出 ············ 76
第二节 公共行政治理结构的演变 ······ 81
第三节 组织适应性：一个合法性的逻辑 ··· 87

第八章 公共行政的治理主体 ········· 91
第一节 治理主体的多元化 ········· 91
第二节 基层治理主体：从传统到现代 ···· 94
第三节 治理主体的新变化 ········· 98

第九章 公共行政的二元人事结构 ······· 103
第一节 作为非正式官僚的编外人员 ····· 103
第二节 非正式官僚的传统与现代 ······ 107
第三节 不完全行政外包 ·········· 117
第四节 一个案例分析 ············ 120

第十章 官僚制的效率逻辑 ·········· 128
第一节 研究问题与研究脉络 ········ 128

  第二节　理论模型与研究假设 …………………………………… 132
  第三节　一个典型案例分析 ……………………………………… 135
  第四节　理论回应 ………………………………………………… 140

第十一章　官员激励与国家运动 ………………………………………… 143
  第一节　现象、问题与研究进展 ………………………………… 143
  第二节　克里斯马：国家运动的基石 …………………………… 149
  第三节　职业激励：国家运动的内在驱动 ……………………… 151

第十二章　公共行政的可持续发展 ……………………………………… 157
  第一节　公共行政的共性与个性 ………………………………… 157
  第二节　政治清明与社会廉洁 …………………………………… 160
  第三节　治理能力的提升 ………………………………………… 165

参考文献 …………………………………………………………………… 169
后　　记 …………………………………………………………………… 181

第一章 导 论

中国是政府主导型国家，政府对于社会转型与未来愿景的实现起着基础性的作用。正是在这个意义上，国家治理体系和国家治理能力现代化成为当前中国公共行政理论与实践的重要研究内容。中国的发展离不开世界，世界的繁荣也离不开中国。中国的公共行政也不例外。公共行政既有一般性，又有特殊性。从这个意义上讲，中国公共行政的面向，既要面向公共行政的一般规律，又要面向中国的自身场景。本书的目的在于从组织学的角度将公共行政的一般性与特殊性结合起来，围绕公共行政的合法性这一核心，从公共行政的发生机制、组织环境、组织主体、组织结构、权力运行、人事结构、激励机制、组织发展等方面融会贯通，以此呈现中国公共行政的基本面貌，进而帮助人们加深对中国公共行政的认知和理解。

从研究层次来看，中国的公共行政研究可以划分为两个时期。第一个时期是从20世纪80年代中期至2006年左右。这一时期的主要任务是中国公共行政学科的重建和恢复。经过老一辈公共行政学家的不懈努力，不仅初步建成了较为系统的公共行政学科体系，而且为中国公共行政的转型发展奠定了坚实的基础。在这二十多年的时间里，中国的公共行政研究总体上呈现出一派欣欣向荣的景象，特别是通过对国外公共行政理论和实践的引荐，以及从宏观上对中国公共行政的建构极大地丰富了人们对中国公共行政的认知，有力地促进了公共行政理论的增长与实践的进步。

然而，现代公共行政是西方国家经济社会发展的产物。中国的公共行政与西方全然不同。早在2006年，中山大学的马骏教授针对国内的公共行政研究提出了批判性的反思与建议。在他看来，中国公共行政学大都将研究重点放在美国和其他西方国家的公共行政学理论和实践上，而不是中国公共行政本身。这不仅阻碍了对于本土问题的学术关怀，妨碍本土理论的构建，也不可能对中国公共行政实践提供切实可行的指导。如果中国公共行政学研究的重心是中国的公共行政实践，那么，它的首要任务就是要深入研究当代中国公共行政的基本架构、运行过程以及其中的组织与个人行为等。然而，我们的研究对于"真实世界"中的公共行政仍然知之甚少。

第二个时期是从2006年至今。这一时期中国公共行政的研究开始从宏观转向微观。在过去的十几年里，人们对中国公共行政的研究实现了从宏观到微观的转向，不仅研究问题更加聚焦，而且研究方法也更加规范。公共行政的微观研究如同一棵枝叶不断生长的大树，不断推进中国公共行政知识的增长，同时也为实践层面的公共行政提供了诸多有益的参考。

不难看出，公共行政学的研究不仅需要宏观性的建构，也需要微观性的探索。如何把二者结合起来就成为一项重要的任务。换言之，公共行政的研究不仅要体现价值关怀，而且要立足具体情境，更要将二者结合起来。从中国角度讲，公共行政的研究需要在中国语境的基础上讲述中国故事，凝练中国理论。而这恰恰是本书所做的一个尝试。需要指出的是，讲述中国公共行政的故事，还需要来自中观层面的支持。本书尝试着从组织学的角度整合公共行政的宏观、中观和微观层面，以此帮助人们更好地认知中国公共行政的基本面貌。

从组织学的角度来看，组织面临着生存与可持续发展两个方面的基本目标，即效率与合法性，公共行政组织也不例外。因此，效率与合法性成为本书讨论中国公共行政的核心主线。这就涉及作为公共行政的组织系统对于外部环境与内部运行两个方面的关注。公共行政发生于环境压力，同时也受制于外部压力，并呈现出一定的张力，而现代性则为之提供了叙事基础。总的来说，本书围绕公共行政的合法性机制与效率机制这一核心，从组织学的角度，在公共行政学的一般性叙事基础上探讨中国公共行政的运行机制与过程。全书内容安排如下。

第一章：本文写作的缘起与主要内容。中国是政府主导型的国家。本书主要从组织学的角度，深入探讨中国公共行政的发生机制、组织环境、组织功能、组织合法性基础、组织结构、公共权力、治理主体、人事安排、组织运行机制、组织激励约束以及组织的可持续发展内容，以期从组织学的角度将公共行政的一般性与特殊性结合起来理解和认知中国公共行政。

第二章：公共行政的组织发生学机制。公共行政自古有之，但现代公共行政的历史不过百余年。现代公共行政是伴随着西方工业化而产生的。工业社会呼唤专业化的技术管理。如何在资源有限与需求无限的悖论中规避"合成的谬误"是人类社会理性追求的目标。美国进步时代的外在压力为现代公共行政的产生提供了外部环境。但与此同时，技术理性的兴起又为现代公共行政带来了新的困惑。现代性是任何国家现代化转型所必须经历的阶段。中国现代公共行政的发生离不开现代性这一叙事基础。

第三章：中国公共行政的叙事基础。近代以来，中国为实现现代化孜孜以求，尤其是中国改革开放以来，中国的经济增长取得了举世瞩目的成就。但现代性仍然是中国转型社会未完成的方案，国家治理现代化依然是当前党和国家的重要任务。因此，理解中国的公共行政就需要将其置身于现代性这一宏大叙事背景中。正是在这个意义上，本部分详细地阐述了现代性的基本特质和中国公共行政的未来方向。

第四章：中国特色的政治与行政。与西方政治与行政二分不同的是，中国的政治与行政是高度融合的，这是理解中国公共行政的基石。在西方国家，政治与行政二分奠定了公共行政的价值导向，即宪政主义和技术主义，同时也形成了规范研究与实证研究两个基本思路。在中国，尽管政治与行政水乳交融，但在实践层面，中国的公共行政越来越呈现出技术理性的倾向。对于承载着国家治理重任的公共行政，如何有效地处理政治与行政的关系极为重要。自中华人民共和国成立以来，中国的政治与行政关系集中体现为党政关系的调试，如何缓解这一张力并超越这一悖论，进而推动国家治理现代化是完成中国现代性方案的重要内容。

第五章：公共行政的合法性基础。中国在很大程度上仍然是一个政府主导型的国家，亦即行政国家。行政国家的基本内涵是指以政府为主的公共部门使用了庞大的社会资源，政府在国家的经济社会发展中处于核心地位，通过对公共权力、对公共资源的支配来解决经济社会发展的问题并达成目标。中国经历了从政治社会到经济社会的历史变迁，其转变的背后核心机制是合法性基础的重建。

第六章：官僚制、公共权力与公共行政的合法性。公共行政的合法性依托官僚组织，并以公共权力的运行方式表现出来。官僚制的负功能引发了公共行政的合法性危机。近代以来，中国官僚制的合法性主要建立在传统权威和克里斯马基础之上。改革开放后，法理型权威得以建立，但距韦伯意义上的科层制仍然相去甚远。因此，重申官僚制理性，确保公共权力的有效运行对于中国的现代转型具有重大意义。

第七章：公共行政治理主体及其演变。治理理论的核心之一是治理主体的多元性。在国家假设与治理中，中国共产党是中国社会主义事业的领导核心。本章关注的是国家基层治理主体，主要探讨了自古至今中国基层治理的乡绅、政党与企业之间的历史演变，并重点讨论了当前政府与企业之间的相互关系，以此揭示基层治理中的行为逻辑及其存在的问题，以及未来发展的方向。

第八章：公共行政中的人事二元结构。从公共行政的人事安排来看，公共行政组织中的人员构成并不单一，不仅有着正式的公职人员，而且充斥着各种非正式人员，由此构成了公共行政人事的二元结构。这种人事制度安排对国家治理，尤其是基层政府的绩效产生了深远的影响。这种人事制度结构一方面为缓解治理压力、降低行政成本带来了极大的便利；但另一方面，又为基层治理的有效性带来了伤害，甚至削弱了国家在基层治理的合法性基础，使得国家治理陷入一种二元悖论之中。

第九章：官僚组织结构及其调试。官僚制组织是中国公共行政的核心，也是主导中国现代化进程的重要载体。然而，随着中国经济社会的发展，国家、市场与社会的关系得以重新调整。中华人民共和国成立以来，中国国家治理结构释放出更多的激励，使得治理结构和治理方式更具弹性，而这一组织激励和弹性释放的背后源于官僚组织及其公共行政对于合法性基础的巩固和夯实。

第十章：官员激励与官僚制效率。与私人部门相比，公共部门的突出特征是其目标的多元性。然而，在中国社会主义初级阶段，基于社会主要矛盾的考量，效率有效、兼顾公平成为官僚体制的核心诉求。官僚体制效率的高低取决于官员激励的有效程度。本章通过官僚组织的激励结构及其激励交换谈论了中国官僚制效率的基本逻辑。官僚组织因层级差异导致其激励不一致的问题使得层级激励交换成为达成任务的有效选择，因而，在中国的官僚组织中，利益互惠是官僚组织达成目标的惯常机制。

第十一章：非常规治理与政绩合法性。诚如韦伯所言，中国的官僚制理性化程度本身并不够彻底。因而，在公共行政的实践层面，非常规治理在一定程度上弥补了官僚制理性不足的缺陷。本章以国家治理的合法性压力为出发点，把官员的职业激励和任期周期结合起来，从"新官上任三把火"这一典型的现象入手，深入分析了运动式治理何以嵌入到官僚体制中；在既有的制度安排下，如何将非常规治理常规化的运行过程。

第十二章：中国公共行政的可持续发展。中国是世界的重要组成部分，外部环境的发展与中国自身的发展都为中国公共行政提出了广泛而深刻的挑战和机遇。已有的研究无外乎两种思路：一是努力将中国公共行政对西方范式对标，试图找出中国公共行政相较于西方公共行政的短板并提出修正方案；二是从中国历史传统中发掘中国公共行政的独特性，以期通过对中国故事的讲述建构其自身的理论体系。这两种思路在很大程度上反映了中国公共行政理论与实践所面临的困境，也为公共行政研究者提出了新的方向。

第二章 公共行政的组织发生学

中国公共行政是公共行政的特定面向，理解中国公共行政的前提是对公共行政的一般性认知。本章主要从公共行政的一般性来讨论公共行政的起源与发展。从组织学的角度来看，公共行政发生的内在动力源于寻求制度理性，以规避资源有限与人类欲望无限悖论下合成的谬误，寻求理性与美国进步时代的外在压力促使了公共行政学的发生。寻求秩序的理性贯穿于公共行政的整个历史进程，将技术理性与公共行政的结合视为建构美好未来的途径致使人们遭遇了现代性的困境。

第一节 制度与组织：合成谬误的规避

学界一般的观点是公共行政学起源于威尔逊的《行政学研究》，政治行政二分法的理念与韦伯科层制的理论构成了传统公共行政学范式的核心。在传统公共行政学科萌芽的过程中，泰勒主义起到了助推作用，经古力克、厄威克的梳理，最终以怀特的《行政学导论》奠定了传统公共行政学的学科范式，并在20世纪30年代进入其发展的黄金时代。国内大多学者都认同这一观点，并体现在各种版本的公共行政学说史著作中。

但如果从公共行政发生的连续性来看，《行政学研究》只能算是一个标志，其精神实质可以再向前追溯。就其思想渊源而言，威尔逊受到了来自欧洲大陆尤其是德国行政研究思想的影响……在斯坦因那里，政治与行政已经在一定程度上得以划分。

从组织发生学的角度来看，现代公共行政学源于规避"合成的谬误"。通俗地讲，"合成的谬误"就是对个体而言是有意义的，但对整体而言可能是一种错误。在制度经济学中，"囚徒困境"就说明了这一问题，即个体寻求自身效用最大化可能导致集体行动的非理性结果，这种社会整体的非理性结果反过来又使得个体理性受到伤害，最终陷入可怕的"公地悲剧"。在日常生活中，诸如银行挤兑、灾难逃生等行为无不说明"合成的谬误"带来的个体理性导致集体无知的零和博弈。为避免这种"合成的谬误"，实现整体效用与个体理性的最优组合，规避"合成的谬误"成为人们共同的诉求，即如何在实现个体效用的同时保障集体理性的增加而不是减少。由此组织得以发生，而组织的运行依赖于规则或制度。从这个意义上讲，公共行政学的发生源于规避"合成的谬误"，即通过组织规则的认同来降低集体行动的困境。

在人类社会，人们始终面临着一个不可逾越的基本问题，即资源的有限性与人类需求的无限性之间的张力。就可供人类生存与发展的资源来看，一切都是有限的。"自然资源是有限的，其中许多还是不可再生的，用一点少一点，人文资源也是有限的，如人类的知识文化积累是有限的，人们从自然界摄取资源后创造的财富相对于人们的需求也是有限的，后面两个方面的有限性根本上取决于自然资源的有限性，其次取决于人们现实认识能力和创造能力的有限性。"[1] 由此可见，不仅人类社会生存与发展的自然资源有限，而且人的认识能力也有限。

在资源既定的情况下，随着人口数量的增长与需求的日益多样化，资源的有效性与需求的无限性之间的紧张关系对资源的有效配置与充分利用提出了更高的要求。在亚当·斯密看来，人们都是自利的"经济人"，"每个人在本性上首先和主要注重的是他自己的利益，而且，每个人在各个方面都肯定要比其他人更有资格和能力关心自己的利益"[2]。在人类社会进入

---

[1] 芮明杰. 管理学：现代的观点 [M]. 上海：上海人民出版社，2006：25.
[2] 亚当·斯密. 国民财富的性质和原因的研究 [M]. 上海：商务印书馆，1997：314.

文明状态之前,"每一个人按照自己所愿意的方式运用自己的力量保全自己的天性——也就是保全自己的生命——自由"①,即获取生命个体生存与发展的所需资源。显而易见,在资源既定的自然状态情势下,个体的理性选择将导致集体的非理性状态,即霍布斯所谓的人与人之间的战争,这种"合成的谬误"的结果将导致社会成本的剧增,无益于人类社会的存续与发展。概言之,个体的理性将导致集体的无知。因此,寻求一种合理的规则避免集体行动的困境成为人类社会的基本命题,而组织则为之提供了一个可能的选择。换言之,"追求合理的人类生存秩序则是人类政治思维的最终目标。"② 这种秩序、规则就是我们通常所说的制度。

制度是制度经济学的核心概念。康芒斯将其界定为集体行动控制个体行动③。这一界定开宗明义地指出了制度的功能是防止个体行为的盲动而导致集体行动的失败。要寻求更大的理性,就需要制度来约束个体的行为。在诺斯看来,"制度提供了人类相互影响的框架,它们建构了一个社会,或确切地说是一种经济秩序的合作与竞争关系。制度是一系列被制定出来的规则、守法秩序和行为道德、伦理规范,它旨在约束主体福利或效用最大化利益的个人行为。"④ 诺斯在康芒斯对制度界定的基础上进一步指出了规范人的行为分为正式制度与非正式制度,它们共同约束着个体行为的冲动,以减少未来的不确定性。

这种不确定性的较少意味着社会交易费用的减少。所谓交易费用,就是发生在交易之外的费用。在威廉姆森看来,它包括两个方面:一是事先的交易费用,即签订契约、规定双方权利义务、责任等发生的费用;二是签订契约后的费用,即为解决契约本身所存在的问题,从改变条款到退出契约所花费的费用。而交易费用的产生是由既定规则或制度决定的。因此,就公共行政而言,不同的公共行政制度下社会交易成本是存在着差异的。

---

① 霍布斯. 利维坦 [M]. 北京:中国社会科学出版社,2007:97.
② 蒋永甫. 人类生存困境与政治国家的产生——亚里士多德、霍布斯与马克思国家起源理论比较 [J]. 广西社会科学,2009(1):86-90.
③ 康芒斯. 制度经济学:珍藏本 [M]. 北京:华夏出版社,2013:87.
④ 诺思. 经济史中的结构与变迁 [M]. 上海:上海三联书店,1991:225-226.

作为制度的公共行政体制，不仅存在着制度设计与运行的费用，还存在着使用这种制度和不使用这种制度所带来的机会成本。由此可见，公共行政所寻求的即是降低社会交易成本，最终实现整体社会利益的最大化。此外，就制度本身而言，它在产权界定清晰的基础上可以实现有效的激励功能。因此，公共行政理论与实践所要达到的诉求就是通过制度设计实现对社会成员的激励，且最大限度地降低社会交易成本。

从上面的解释可以看出，为了规避"合成的谬误"，人们选择了理性的制度安排来获取整体收益的最大化替代个人效用最大化。当制度被广泛认同并遵守的时候，人类社会就从野蛮状态进入到文明状态，国家或政府因此而产生。在国家起源的理论中，不论是社会契约论的观点，还是奥尔森的"匪帮理论"都说明了国家的出现无一不是通过规则的制定来降低社会交易成本，进而增进社会的整体福利。公共行政行为的好坏取决于既定制度对"合成的谬误"的规避程度，即政府对公共资源的整合度与社会整体收益的比例。在人类文明进入工业社会之前，人口规模增长相对缓慢，技术开发受时代背景限制，因此，制度安排相对简单，公共行政职能领域相对狭小。尽管如此，实践中的公共行政对于制度的追求依然孜孜不倦。从追求社会整体利益最大化来看，中国开创的科举制度无疑是最成功的典范之一，它不仅推动了中国经济社会的发展，而且为近代文官制度奠定了制度基础。科举制度中关于公开招考、择优录用的精神传到西方以后，直接导致了英国东印度公司人事改革，即《诺斯科特屈威廉报告》，并在此基础上创建了英国的竞争性文官制度，而英国文官制度又为其他西方国家文官制度提供了蓝本。文官制度有效地解决了公共管理行政的人事问题，如美国的《彭德尔顿法》解决了政党分肥问题，提高了政府管理的绩效。在古典经济学看来，制定规则是政府最为基本的职能。在资本主义初始阶段，作为"守夜人"的政府只需制定并维护资本主义制度。如此一来，自由市场得到了充分的发挥，进而实现了资本主义国家经济绩效的极大增长。作为整体利益的经济绩效的增长为社会个体生活质量的改善提供了保障，从而有效地规避了"合成的谬误"。此外，西方国家每一次经济危机的化解都是政府规避"合成的谬误"的成功范例。在当今社会各个单元中，没有哪一个实体能像公共行政那样拥有对公共资源的支配能力，当个体理性遭遇集体无知时，人们对通过政府的制度安排来规避"合成的谬误"的依赖程度日益增加。由此可见，正是在公共行政实践中对于制度理性的追求极大地规避了"合成的谬误"，促进了人类文明的进步。

第二节　进步时代的焦虑

西方国家通过市场机制对资源配置的有效性催生了工业革命，工业革命反过来又促进了人类财富的极大增长。当市场个体欲望在潜在财富刺激下所带来的无序竞争导致巨大社会问题时，人们不得不考虑寻求一种集体的理性来维持资本主义世界的稳定，以避免经济危机所带来的动荡。人们对于政府的热切关注不仅避免了市场的盲动，而且进一步促进了财富的增长和社会的进步。然而，财富的增长并没有自动地带来社会的善治，相反，政治腐败、市场失序、城市污染、贫富分化等问题严重困扰着美国社会。基于对肮脏社会的反思，美国进入了其历史上有名的进步时代。

当人类社会对有限资源需求的欲望借助技术力量被无限放大时，规避集体行动困境的意愿就变得更加迫切。进步时代的焦虑使得人们对于政府的理性期望变得更加强烈。美国进步时代并没有一个确定的时间范围。一般认为，美国进步时代大致包括19世纪90年代到20世纪20年代这段时间。在这短短的几十年间，在自由资本主义和技术进步的推动下，美国经济的快速增长实现了工业化，进入了工业社会与城市文明。也正是在这个时期，形成了世界各地人们向往的"美国梦"。进步主义时代的改革从根本上改变了美国的国家治理结构和美国社会。也就是说，进步时代的政府改革更加理性地通过制度设计规避了人类行为"合成的谬误"。而如何进行公共行政的理性制度的设计则需要对公共行政进行理论的研究。在这一点上，威尔逊走在了时代的前沿。

马骏教授在《经济、社会变迁与国家治理转型：美国进步时代改革》①中认为，进步时代的美国主要面临着以下几个方面的问题：一是经济的高度集中与垄断，财富足以挑战国家，即国家与市场之间的力量失衡。二是贫富日益分化。一方面，财富的巨大增长伴随着史无前例的财富集中，富有而且影响力巨大的工业及金融资产阶级开始形成；另一方面，出现了一个生活在贫困边缘的无产阶级。经济的增长伴随着越来越多的贫困、剥削和失去自由。三是城市治理严重滞后，伴随着工业化进程的是城市移民问题。城市化与移民潮使得越来越多的美国人开始聚集城市，这给城市的基础设施和公共服务带来了巨大的需求和压力。与此同时，工业化和人口数量的增长也带来了极大的城市污染，从而提高了城市公共服务的成本。四是政府的腐败问题日益严重。19世纪中期以来，伴随着商业繁荣的是腐败问题日益严重。腐败的日益严重引发了新闻界专门暴露政府腐败与揭露官商勾结的"扒粪运动"。五是环境污染与食品安全成为一大社会问题。企业只考虑自己的私人成本而不考虑社会成本，由此导致了严重的环境污染。食品、药品的生产与销售不论在联邦还是城市，政府几乎都没有有效的法律来确保食品安全，也没有专门的政府机构负责食品安全的社会管制。

所有的这些问题已经不再是自由市场可以解决的问题，而是集体行动的问题，是政府治理的问题。然而19世纪中后期的美国国家治理结构基本上仍是18世纪建立起来的，不仅无法有效地应对经济和社会变迁带来的各种新问题，而且越来越成为问题的一部分。经济绩效的极大增长与政府治理的严重滞后已经构成了美国社会的一大威胁。进步时代的根本问题在于自由主义的放任，自由主义的放任刺激了市场个体的逐利行为，进而导致市场失灵所引起的"合成的谬误"。在古典经济学看来，自由交换制度下个体利益的增长将自动实现社会的利益。在这种理念下，美国人心中的观念是在没有政府干预的条件下才能获得个人自由与机会。自由放任的自由主义主张有限的政府、消极的政府，政府只需扮演"守夜人"的角色。显然，

---

① 马骏. 经济、社会变迁与国家治理转型：美国进步时代改革 [J]. 公共管理研究，2008（6）：8-15.

在进步时代，小而有限的政府抑制了大量社会公共产品与服务需求的提供，尤其是规范有序竞争制度的提供，由此导致社会走向混乱。

进步时代的阵痛与焦虑促使人们对于美好社会的憧憬，对理性政府的渴望，对理性制度的期待。因此，在威尔逊之后，越来越多的学者专注于公共行政学的研究。政府应该做什么，不应该做什么，怎样做才能做得更好。这一系列的问题直接导致了传统公共行政学范式的确立。按照库恩关于学科范式的解释，任何学科都遵循"前科学—常规科学—科学革命—常规科学"的科学发展结构模式。"常规科学（Normal Science）"是严格根据一种或多种已有科学成就所进行的科学研究，是一定时期内进一步开展研究活动的基础。在库恩看来，构成"常规科学"的科学足以空前地把一批坚定的拥护者吸引过来，使他们不再去进行科学活动中各种形式的竞争；同时又足以毫无限制地为一批重新组合起来的科学工作者留下各种有待解决的问题。凡是具备这两个特点的科学成就称之为"范式"。"范式"是科学实践活动中某些被公认的范例，包括概念、定律、理论、观点、应用以及仪器设备统统在内的范例。它为某一科学研究传统的出现提供了模型。从这个角度来看，在1887年威尔逊的《行政学研究》至1926年怀特的《行政管理学导论》期间，所有关于公共行政的研究都只能算是公共行政学的前科学阶段，而《公共行政学导论》确定了公共行政研究的领域、范畴等。因此，现代意义上的公共行政学的研究至此进入传统范式阶段，这标志着现代公共行政（学）的诞生。

总的来说，个体的理性导致集体的无知是公共行政学起源的内在逻辑，而美国进步时代的社会压力推动了人们对于集体理性的探索。从学科范式的发展来看，公共行政学科范式的发生与发展始终贯穿着通过寻求制度实现美好未来的理性思维。

第三节　公共行政的理论与实践

不同的公共行政制度安排下有着不同的社会产出。那种能够降低社会交易成本并增进社会整体利益的公共行政制度安排有助于破解"合成的谬误"并达成帕累托改进。公共行政的理论与实践的演进在本质上构成了公共行政的制度变迁，即试图通过公共行政的制度创新达成人类社会的整体理性价值。

传统公共行政范式试图通过"去政治化"来实现政府管理的有效性，即基于政治行政二分的，以管理主义为手段实现公共行政的效率价值。这集中表现为以韦伯官僚制为特征的公共行政组织制度设计。韦伯甚至将官僚制称之为"合理的社会制度"。理性的官僚制结构不仅在专业分工、严格的等级制、非人格化管理等方面极大地降低了公共行政的内部交易成本，而且契合了工业社会的需求，推动了西方国家经济绩效的增长，进而实现了西方资本主义世界的整体利益诉求。

然而，随着公共行政职能的扩张、政府机构的膨胀、公职人员的剧增，政府的效率越来越低下，尤其是在西方福利国家背景下，理性官僚制日益表现出其弊端，低效率、腐败、侵蚀民主等几乎成了官僚制的代名词。由此可见，随着经济社会的发展，以官僚制为基础的公共行政制度安排已经不能有效地降低社会交易成本，在回应自由市场竞争"合成的谬误"问题上，它日益成为公共行政的主要问题。官僚制的低效率远远不能处理市场的外部性问题，由此引发了西方发达国家的财政危机、管理危机与信任危机。公共行政制度创新迫在眉睫。

自20世纪70年代以来，在反思官僚制弊病的基础上，新公共管理运动应运而生。这场席卷"盎格鲁－撒克逊"世界的政府改革运动通过引进市场竞争机制极大地改善了实践中的公共行政。新公共管理运动无论是在理论上还是实践上都极大地冲击着以"政治行政二分法"和官僚制为基础的传统公共行政范式。以新自由主义、交易费用理论、公共选择理论、委托－代理理论为基础的新公共管理理论为实践中的公共行政做出了几近完美的制度安排，公共服务民营化、政府绩效评估、政府战略管理、全面质量管理等全新的制度设计有效地缓解了财政危机、管理危机与信任危机。这些理论与实践正是制度创新在降低交易成本与实现激励功能上的体现，从而在新时代背景下又一次为破解"合成的谬误"做出了有益的尝试。新公共管理也一度被视为取代传统公共行政范式的制度安排。

尽管如此，但新公共管理理论一开始就饱受批判，毕竟公共管理与私人管理有着本质的区别。从技术上看，"公共管理设计的不仅仅是'怎样才能有效率和有效果地行事'的问题，它还涉及'怎样做才是最好的'的问题。单靠管理不能解决社会的主要问题，诸如歧视、实业、贫穷、不公平等。"[①] 从价值上看，企业家政府的过度运用将导致公共利益为私人利益左右，将公民视为顾客将贬低公民的政治地位。如此一来，公共行政"合成的谬误"将进一步加剧，即社会交易成本将增加，社会整体利益将受损。

带着对新公共管理的反思，与新公共行政一脉相承的新公共服务理论从批判的角度提出了破解公共行政"合成的谬误"的制度设想。针对新公共管理很可能损害如公平、正义、代表制和参与等民主和宪政价值[②]等问题，邓哈特在公民权理论、社区和市民社会的模型、组织人本主义和组织对话的基础上，提出了新公共服务的七大制度安排：一是服务而非掌舵。公共管理者的作用并不在于控制社会，而是帮助人们更好地表达和实现他们的共同利益。二是公共利益是目标而非副产品。公共管理者的目标和责任是将社会公众纳入对话环境中，商讨社会未来的发展方向。三是战略地思考，民主地行动。符合公共需要的政策和计划，只有通过集体努力和协作，公众的积极参与才能得到有效的执行。四是服务于公民而不是顾客。不能简单地将公民等同于顾客而抹杀了公私之别。五是责任不是单一的。

---

① Depre, R. et al. Public Servants in Transition? In Farnhan, David et al, eds. New Public Managers in Europe. Houndmills: Macmillan Press Ltd: 295.

② Larry D. Terry, Why We Should Abandon the Misconceived Quest to Reconcile Public Entrepreneurship with Democracy. Public Administration Review 53 (4), 1993: 393.

公共管理者不仅要关注市场，更要关注宪法和法令，关注社会价值、政治行为准则、职业标准和公民利益。六是重视人而不只是生产率。公民和公共管理者都应遵循"以人为本"的原则并受到善待。七是超越企业家身份，重视公民权和公共事务。公共管理者不是企业家，也不是政府的所有者，政府为公民所有，公共管理者应尊重公民权力并致力于公共事务努力工作。新公共服务理论从规范的角度提出了诸多极具建设性的公共行政制度安排，以期从民主、宪政等宏观方面化解公共行政"合成的谬误"。

此外，在公共行政理论演变进程中，还存在其他各种各样的理论解释，如公共预算、公共行政的语言、公共政策分析等。这些理论从不同角度为公共行政化解"合成的谬误"做出了许多有益的设想，如治理理论主张通过社会治理主体的多元化与权力制衡的角度重新建构社会治理制度，进而规避"合成的谬误"。从公共行政（学）思想与实践的演变来看，所有公共行政的理论与实践都试图通过理性的制度设计来化解"合成的谬误"。

第四节　危机与方向

制度理性基础上的公共行政功能的发挥有助于防范"合成的谬误"，即约束个体行为，从整体上降低社会成本，实现社会整体利益的最大化。从这个角度来看，效率价值成为公共行政学研究的基点，而技术至上的管理主义则使公共行政的理论与实践陷入另一个更大的"合成的谬误"。从公共行政学传统范式的确立至今，尽管有学者提出了公共行政学传统范式已经转换，但技术至上的管理主义取向始终是公共行政价值诉求的主流。新公共行政与新公共服务理念只是在漫长的公共行政演进历程中昙花一现。我们所要阐述的是技术至上的管理主义取向的公共行政是如何又一次将集体行动的困境再次上演并导致更大的"合成的谬误"的。人们误以为，技术与公共行政的结合是实现美好社会的有效方式，然而事实却并非如此。

公共行政的价值诉求表现为对效率的渴望，对公平的期待与对秩序的憧憬。然而，技术至上的管理主义取向决定了公共行政的焦点集中在了效率一端。提高效率的方式就是将专业技术融入高度分工的官僚组织结构中。"至少是步入进步时代以来，也即现代意义上的行政诞生以来，用专业知识服务于公共利益就一直被公认为是公共行政的目的。"① "19世纪后半期的发展导致科学、工具理性和技术发展的有力融合，成为现代技术理性的标识……技术理性被用于社会领域并纳入政治议程。在所谓'寻求秩序'的理念下……技术理性成为社会和政治发展的康庄大道，使得专业人员——包括管理者、社会科学家和工业心理学家——都相信这样一种世界观：人类的冲突和激情适合于以机械办法来解决。"② 当技术理性与理性官僚制结合之后，人们似乎找到了一条可以规避"合成的谬误"的最佳途径。显而易见的事实是：实践中的公共行政通过技术压缩了公共行政成本，提升了公共行政的效率，进而刺激了财富的增长与人们生活质量的改善，尤其是尖端技术在未知领域的探索将为人类社会带来美好的前景。而这些成功被归因于机械式的官僚制度、庞大的网络系统、便捷的信息交换、精准的测量仪器等。在很大程度上，公共行政改革等同于科学和技术专家。很难想象，没有技术支持的公共行政是个什么样子。由此，政府大量借助技术工具所建立起来的现代性社会由此确立。正如亚当斯所言："现代性的最大特征就是坚信科学和技术将人类从自然和社会对其存在的限制中解放出来"③。

然而，"现代理性描述的是一幅非常狭隘的关于人们如何经济地、政治地、社会地和行政地行动图景，它并没有实现普遍真理、正义、善、繁荣或美好"④。曾经一度推崇实证研究的西蒙也看到这种理性的缺陷。"我们发现理性完全不是工具的，它不能告诉我们去哪里，顶多告诉我们怎么去。

---

① 菲利普·J. 库珀. 二十一世纪的公共行政：挑战与改革 [M]. 北京：中国人民大学出版社，2006：12.
② 怀特，亚当斯. 公共行政研究：对理论与实践的反思 [M]. 刘亚平，等译. 北京：清华大学出版社，2005：3.
③ 怀特，亚当斯. 公共行政研究：对理论与实践的反思 [M]. 刘亚平，等译. 北京：清华大学出版社，2005：1.
④ 怀特，亚当斯. 公共行政研究：对理论与实践的反思 [M]. 刘亚平，等译. 北京：清华大学出版社，2005：3.

它是一支供租用的手枪，能服务于我们的任何目标，无论好坏"①，由此可见，人们想当然地将技术理性视为实现人类价值的全部，并对其规避"合成的谬误"赋予了极大的热情。然而，"技术理性似乎是公共行政中最持久的叙事方式，但却是一种混乱的叙事"②。

在技术理性的支持下，公共行政权力几乎在每一个社会角落都有其踪影。"正是在国家行政领域内，我们发现技术和效率越来越成为整个社会普遍关注的事情。"③ 然而正是这种对技术理性的过度关注，正是技术理性在公共行政中的运用被赋予了太多的厚望导致了现代性的困惑。现代性试图通过技术支撑来实现社会的进步。人们借助技术实现了经济的增长与生活质量的改善。但与此同时，正是这种对技术的崇拜使得人类社会面临前所未有的挑战，致使人们陷入一个更大的"合成的谬误"。这种困惑主要表现为以下几点：

第一，从理性走向非理性的官僚制。如上所述。官僚制也是一种理性技术，与其他科学技术相比，它更多的是一种制度意义上的技术设计。在很大程度上，官僚制的理性化源于西方文化中特有的学科专业化与技术分工。然而，专业化分工与高度的集权导致的低效率致使公共资源被无端地浪费。"在实践中，假定的理性官僚制体系往往是非理性的、无效率的，它往往对正确判断和理解环境以及解决许多非常规、不可预期的人类问题无能为力。"④ 缺乏弹性的制度规则与控制严重地压抑了人的自主与创新精神。人成为官僚制的附属物。究竟谁为谁服务这么一个简单的问题，在官僚制这里的答案竟是如此的滑稽。正如全钟燮所言："随着时间的推移，我们渐渐忘却了建构这些思想隐喻的最初意图或目的，而将它们变成了官僚式生

---

① 怀特，亚当斯. 公共行政研究：对理论与实践的反思 [M]. 刘亚平，等译. 北京：清华大学出版社，2005：7-8.

② 怀特，亚当斯. 公共行政研究：对理论与实践的反思 [M]. 刘亚平，等译. 北京：清华大学出版社，2005：9.

③ 戴黍，牛美丽. 公共行政学中的批判理论 [M]. 中国人民大学出版社，2008：10.

④ 全钟燮. 公共行政的社会建构：解释与批判 [M]. 北京：北京大学出版社，2008：5.

活控制的真正手段。换句话说，人们渐渐将官僚制物化了，把它当成了其自身的生活本身。"① 尽管包括熊彼特、葛多塞尔在内的学者为官僚制进行了诸多辩护，然而，官僚制所受到的诟病不是在减少，而是在增加。

第二，公共行政对私人领域的侵入。当个体的理性导致集体的无知时，在人们看来，政府无疑是一种有效的治理方式。然而，正如公共选择理论所言，政府也存在着失败的可能。在公共权力的委托与代理环节中，政府有着其自身的诉求。在布坎南看来，政府也是"经济人"，它也在追求着自身利益的最大化，政府及其官员试图通过对公共权力支配公共资源，实现其权力的扩大、职位的晋升、社会地位的提高等。当公共行政与技术理性相结合时，一方面是人为的信息不对称的程度被拉大了；另一方面，也确实有着越来越多的公共事务需要政府来运作。于是公共行政所涉及的领域越来越多，所拥有的权限越来越大。传统意义上的小而有限的政府走向行政国家。私人空间被行政权力挤压，政府这只看得见的手无处不在，甚至伴随着大量的公权私用。在强大的行政压力下，私人空间往往是逆来顺受，公民参与的途径与方式也面临着越来越多的问题。如此一来，曾经美好的自由、民主、公平、正义的追求被严格地限制在非常狭小的范围内。

第三，社会的非均衡性发展。任何良性社会的发展都应当是经济、政治、社会、文化四位一体的发展。它们相互影响、相互促进，共同推动社会走向美好。然而，刚性化制度扭曲了人性，公共行政压缩了私人空间，视效率为唯一价值诉求的公共行政，在技术工具的支持下，更多的是为实现物质财富的增长而增长，忽略了人性的释放、文化的建构与整个社会的动态平衡。文化永远都是公共行政最为基础的行政生态，公共行政的目的不是为了寻求效率的增长而去适应或调试某种文化，而是要更多地从文化生态中寻找公共行政的灵感。社会的非均衡性发展很快就让公共行政在实践中也遭遇了危机。几乎每次经济危机都是源于对技术导向的效率渴望。此外，这种非均衡性还表现在日益复杂的各种社会矛盾，比如社会阶层的

---

① 全钟燮.公共行政的社会建构：解释与批判[M].北京：北京大学出版社，2008：5.

对立、政府的合法性危机、未来的不确定性日益加大等。

第四，自然界的反抗。技术的过度开发遭遇了一直处于被动地位的自然界的反击。当对自然资源的开发超过地球所承受的能力时，一系列全球性问题让人们措手不及。物种的锐减、水土的流失、环境的污染、气温的上升、臭氧层的破坏等导致了人类社会生存环境的日益恶化。极端天气的出现、自然灾害的频发等无不在告诫人们，技术并非理性的全部，尤其被技术绑架的政府是没有希望的未来。

总的来讲，公共行政学的发生从内在来看，起源于人们对整体理性的期望，对美好未来的渴望，并试图通过规范的制度加以确定。当进步时代的压力与之相结合时，便催生了现代意义上的公共行政。公共行政一百多年来的理论变迁无一不是试图通过公共行政的制度创新来寻求整体理性。然而现代性叙述决定了无论是理论意义上的公共行政学研究还是实践中的公共行政，均表现为以效率为导向的技术至上的管理主义。人们误以为将技术理性与公共行政相结合可以规避集体行动的困境，其结果是陷入了更大的"合成的谬误"，致使人们遭遇了现代性的危机，即局部理性挑战宏大理性。现代性的困惑说明：由于人们对技术的盲目崇拜，并将之与公共行政进行捆绑，不仅没有实现人们对于"合成的谬误"的规避，反而陷入了更大的迷茫。因此，我们可以得出的结论是，理性并不等同于技术，技术也并不等同于科学。

随着西方社会逐渐向后工业社会迈进，人们开始了对现代性的困惑的反思，换言之，我们需要的是普遍意义上的理性制度与科学诉求。后现代学者试图从更加广阔的视野来解构公共行政的困境，并试图获得未来公共行政发展的路径。比如，法默尔从公共行政的语言来探析公共行政的建构，全钟燮从文化的角度来探讨公共行政的发展倾向。不管这样的建构具有多大实质上的意义，但至少可以肯定的是，反思已经开始。因此，我们需要跳出现代性的局部叙事，从更加宏大的背景去探求公共行政的终极价值。由此引出公共行政的大问题。公共行政的大问题包括人文关怀与学科关怀两个方面。人文关怀主要是指民主、公共性等政治层面的问题以及"美好社会"这个全人类的共同旨归。公共行政的学科关怀则是指公共行政学科存在并有效地区别于其他学科（保证公共行政学科的专业性），清楚地界定公共行政学科的目标和发展方向的问题。只有明确了公共行政学科的大问题，公共行政学科才有其存在的意义，才能做出更加合理的制度安排。只有这样，我们才能有效地化解宏大叙事的"合成的谬误"，而不是不断地陷入一个又一个局部的"合成的谬误"。

中国现代化建设的社会转型似乎为中国公共行政的理论与实践提供了技术至上的理由。然而，这种局部理性所导致的危机已经出现：经济增长一枝独秀，政治改革停滞不前，社会问题此起彼伏，文化建设无所适从。这显然不是我们所要的结果。如何从整体社会的发展来建构一个更加理性的制度，实现从美好走向卓越是我们需要思考的问题，也是中国公共行政未来的发展方向。

从某种意义上讲，公共行政是现代性的产物，以技术理性为特质的现代性决定了公共行政的制度安排，反过来，这种制度安排因受制于现代性而无法有效处理公共行政"合成的谬误"。上述所有关于公共行政制度创新的理论与实践，都没有超出现代性的范畴。让我们以沃尔多的名言来结束这一章的内容，并期望从沃尔多那里获得更多的思考：公共行政是关乎整个人类社会发展的事业。① 因此，破解公共行政"合成的谬误"需要上升到哲学的高度来建构，公共行政必须具有人类社会的终极价值命题的关怀，而不能仅仅局限于现代性。

综上所述，公共行政的现代性遭遇进一步加剧了其合法性危机。公共行政的合法性是公共行政的根本性问题，其直接决定着公共组织的存续和发展。现代性对公共行政的合法性提出了新的挑战和机遇。公共行政必须适应现代性才能实现其可持续发展，中国也不例外。关于现代性与公共行政合法性之间的关系，我们将在第五章加以详细讨论。

---

① 毛寿龙. 西方公共行政学名著提要 [M]. 江西人民出版社，1900：462.

第三章 中国公共行政的叙事基础

组织环境是公共行政赖以生存和发展的基础。理解中国公共行政，必须将其置身于现代性的叙事环境中。公共行政是现代性的产物，它一方面推进了现代性的进程，另一方面公共行政也陷入了现代性带来的困惑，由此加剧了公共行政的合法性危机。基于已有研究大多对标西方的基准，为此研究者们展开了深入的反思，倡导中国语境的挖掘。处于转型时期的中国在本质上是仍然呈现出以技术理性为特质的现代性叙事，但同时因中国的特殊语境使得这种现代性具有残缺性。具体而言，中国公共行政的技术理性更多地体现在经济增长上，而忽略了其他价值的关怀，使得公共行政的合法性危机进一步加剧。从这个意义上讲，完成中国现代性方案是中国公共行政的重要任务，也是重建中国公共行政合法性的基础。

第一节 中国公共行政的大问题

现代人类社会面临的一切问题，几乎都与"现代性"密切相关。转型中的中国正在遭遇前所未有的现代性危机。"中国当代社会的负面问题，不只是表现在政治、经济和道德领域汇总的各种腐败问题的层出不穷、利益博弈中潜规则盛行、贫富悬殊和人的心灵与精神世界的自私和浮躁、人际关系的势力与紧张，更在城市化导向下广大农村的结构性贫穷、家园感的丧失和许多村落的萧条衰败。"①

转型中的中国的群体性事件是中国现代化进程中的一个缩影。"2007年至2010年7月我国罢工事件的非正式不完全统计表明，在这三年半中，共发生罢工事件57起，年均发生16.3起，累积参加人数约10余万人，累积罢工时间约170余天，每次罢工时间平均3.1天。"② 这些社会危机表明中国公共行政正面临着严峻的挑战。换言之，外部行政生态的压力迫使我们必须重新审视当前的公共行政：在日益严峻的社会危机背景下，我们该如何寻找一个恰当的视角反思中国的公共行政并探寻中国公共行政的未来之路？

中国公共行政的重建是建立在对中国公共行政反思的基础上的。自20世纪80年代中期以来，对中国公共行政的反思不乏文献的积累。张成福是最早提出反思中国公共行政的学者之一。早在1996年，他就提出了我国公共行政研究缺乏方法的训练，并由此导致我国公共行政在理论和方法上的不足③。自此开始，关于中国公共行政反思的文献次第展开。马骏、何艳玲将中国公共行政反思分为两个阶段，"第一阶段（1996—2005年）的重点是对我国行政学研究中存在的问题进行描述性分析；第二阶段（2005年至今）的反思工作开始转向对我国行政学研究进行量化评估。"④ 其反思的焦点主要是规范化困境与本土化困境。中国公共行政研究存在着"缺乏学术规范自觉，学术评价机制无法取得共识，实证研究严重短缺，研究成果结构性失衡，对研究方法缺乏持续性的反思，行政学知识增长缓慢"等问题⑤。因此，中国公共行政研究必须倡导"问题意识"和"规范意识"。这

---

① 张曙光. 现代性论域及其中国话语 [M]. 湖北：武汉大学出版社，2010：14.
② 张衔. 我国现阶段罢工的性质、原因与政策建议 [J]. 北京：中国社会科学，2011（1）.
③ 张成福. 发展、问题与重建——论面向21世纪的中国行政科学 [J]. 政治学研究，1996（1）：57-62.
④ 何艳玲. 我国行政学研究反思工作述评（1996—2008） [J]. 公共行政评论，2009（5）：157-175.
⑤ 何艳玲. 问题与方法：近十年来中国行政学研究评估（1995—2005） [J]. 政治学研究，2007（1）：102-103.

两个向度的努力在某种意义上把握住了中国行政学的现代性和本土性问题。只有在此基础上,我们才能够构建解释中国行政发展问题的特定分析工具。①

在马骏看来,"无论是作为一个学科还是一个应用领域来说,中国公共行政学都存在着严重的'身份危机'"②。他进一步指出,中国公共行政主要存在着八大问题,即研究重心的"非中国化"、"管理主义"盛行、缺乏对真实世界的了解、消解了"历史"的公共行政研究、规范理论的贫乏、研究质量存在问题、缺乏学术规范、缺乏指导实践的能力③。应该说这样的反思是非常全面地指出了中国公共行政存在的问题与不足。他着重指出中国公共行政在研究方法上的非规范性十分突出,既不以研究问题为出发点,也没有规范的实证研究、诠释研究和批判研究。如此一来,无助于推动中国公共行政知识的增长。

马骏等人关于中国公共行政的反思主要从公共行政的身份危机出发,指出了当前中国公共行政研究存在的主要问题,并为今后的研究指明了方向。然而,对于脱胎于政治学,形成于管理学的公共行政而言,这样的反思还显得不够宏大。现代公共行政学是现代性的产物。转型中的中国的建构在本质上是一个现代性过程。如果不把公共行政放在现代性语境中去思考,无论怎样反思,其视域都是极其狭小的,并且会诱致更多的困惑。

现代性是这个时代的主题词。在西方学术视域中,作为一种时间维度和价值维度的现代性的论述,"现代性理论首先是一种社会理论,或者说,现代性主要表现在社会理论中。现代性是文化主流由哲学向社会理论的转折过程中所提炼出来的新概念,用来表达这种文化转型的内在理论气质与

---

① 马骏,刘亚平. 中国公共行政学的"身份危机" [J]. 中国人民大学学报,2007,21 (4):8-12.
② 马骏,刘亚平. 中国公共行政学的"身份危机" [J]. 中国人民大学学报,2007,21 (4):8-12.
③ 马骏,刘亚平. 中国公共行政学的"身份危机" [J]. 中国人民大学学报,2007,21 (4):8-12.

外在精神特征。"① 康德、马克思、阿伦特、海德格尔、伽达默尔、韦伯、哈贝马斯、吉登斯等不仅对现代性做出了自己的界定，更为重要的是，他们的关注点放在了对现代性的负面影响方面。针对现代性问题的后现代思潮更是直指现代性的隐忧，从现代性的视角反思公共行政，米勒、法默尔、麦克斯怀特、盖伊·亚当斯、杰伊·怀特、弗克斯等走在了时代的前列，其中亚当斯《揭开行政的罪恶》更是指出了公共行政受制于现代性理性而致使大屠杀灾难的冠冕堂皇。在齐格蒙·鲍曼看来："正是由于工具理性的精神以及将它制度化的现代官僚体系形式，才使得大屠杀之类的解决方案不仅有了可能，而且格外'合理'——并大大地增加了它发生的可能性。"②

不难看出，西方学者对公共行政的现代性反思更多的是一种解构。国外关于公共行政的现代性反思引起了中国学者的关注。"以技术理性为特质的现代性构成了西方公共行政的宏大叙事背景，并界定了其理论思维与实践走向。"③ 即公共行政领域的去政治化叙事、科学化叙事、专业化叙事、实证化叙事、效率化叙事。对公共行政现代性的反思引发了人们对公共行政的哲学思考，即公共行政的终极价值。鉴于公共行政学起源于西方，中国学者开始了对西方公共行政的现代性反思关注，"在百余年西方公共行政学的发展历程中，充满了各种争论。争论的一个主题就是：公共行政学应该定位于行政科学还是政治哲学？"④ 由此也引发了人们对公共行政"大问题"的关注。面对西方学者对公共行政"大问题"的思考，中国公共行政的大问题又是什么？

对中国公共行政的反思不能拘泥于公共行政学科，也不能拘泥于西方公共行政局部叙事的变迁，而是要从现代性的宏大叙事中进行历史的思考。反思不能仅仅停留在反思层面上，反思不仅意味着对原有公共行政的扬弃，

---

① 郑兴凤，程志敏. 梦断现代性 [M]. 上海：上海书店出版社，2006：18.
② 齐格蒙. 鲍曼现代性与大屠杀 [M]. 江苏：译林出版社，2002：24-25.
③ 颜昌武. 公共行政的现代性叙事：反思与批判 [J]. 学术研究，2009（6）：54-58.
④ 马骏，颜昌武. 西方公共行政学中的争论：行政科学还是政治哲学？[J]. 中山大学学报（社会科学版），2009，49（2）：155-165.

更重要的是对中国未来公共行政的建构。因此，从现代性宏大叙事的角度审视中国公共行政就显得非常有必要。公共行政是现代性的产物，现代性释放了人类社会的需求能量并加剧了与资源供给之间的紧张关系。公共行政一方面为化解这种紧张关系扮演了积极的角色，但另一方面现代性也为公共行政带来了更大的困惑，由此加剧了公共行政的合法性危机。转型中的中国的本质是以技术理性为特质的现代性，但这种现代性具有残缺性——更多地体现在经济增长上——在实践中遭遇了越来越严重的困境，公共行政的合法性面临着巨大的挑战。对中国而言，这是一个未完成的方案，并与宪政精神相冲突。在现代性宏大叙事背景下，公共服务自主化与个性化是重建中国公共行政合法性的有效途径。

由此不难看出，重建中国公共行政合法性的关键在于满足社会公众对于公共服务数量和质量的期待。在党的十九大报告中，习近平总书记指出：经过长期努力，中国特色社会主义进入了新时代……我国社会主要矛盾已经转化为人民日益增长的美好生活需要和不平衡不充分的发展之间的矛盾。从这个意义上讲，对公共行政学大问题的探讨，主要依赖于我们如何定位公共行政在国家治理中的正当角色，依赖于公共行政理论对真实世界中公共问题的有效回答，这就要求我们从认识和改造公共行政的真实世界出发，致力于提升国家治理能力，不断满足社会公众日益增长的美好生活的需要[①]。

第二节　公共行政的现代性遭致

现代性是公共行政发生、演变的宏大叙事。如果不能对公共行政的起源与变迁做出合理的解释，公共行政的理论与实践都不能实现其长足的发

---

① 颜昌武. 公共行政学的大问题：回顾与展望［J］. 中国行政管理，2018，401（11）：104-109.

展，也不能对其做出全面的审视。公共行政的历史背景研究是非常重要的。但令人遗憾的是，迄今为止，"关于公共行政的大多数讨论都未能顾及所涉问题的历史背景"①。从涉及公共行政起源文献的解释来看，主要有以下原因："一是相对于前资本主义社会而言，西方国家的政府职能与行政权力的扩大，使得对行政学的研究提出了更高的要求；二是企业管理的思想，尤其是科学管理运动的兴起为实践中的公共行政提供了经验性的理论支持；三是工业革命以来的技术进步为公共行政提供了可操作性的工具支撑；四是公共行政学产生于交叉性学科的发展，尤其是将公共行政学看作为政治学的分支。"②"然而，这些有益的尝试性的归纳都是从具体时代与知识增长的角度做出的解释。换言之，这些原因并没有贯穿在整个公共行政学发生的宏大背景中。它最多只能解释特定背景下的某一种公共行政理论的外部环境。"③ 现代性是公共行政发生发展绕不过去的宏大叙事。

关于现代性，学界并无统一的界定。在美国学者卡林内斯库看来，"现代性"一词早在中世纪的基督教中就产生了。"西方的现代性是从对宗教的批判及其世俗化开始的，现代化的过程是人们凭借理性'祛魅'的过程。"④"出现于西方的现代性实际上不是一种而是两种，它们截然不同且剧烈冲突。作为文明史阶段的现代性是科学技术的进步，工业革命和资本主义带来的全面经济社会变化的产物。它大体上延续了观念史早期阶段的那些杰出的传统、进步的学说，相信科学技术造福人类的可能性，对时间的关切（可测度的时间，一种可以买卖从而像任何其他商品一样具有可计算价格的时间），对理性的崇拜，在人文主义框架中得到界定的自有理想，还有实用主义和崇拜行动与成功的定向——所有这些都与各种不同程度联系

---

① 杰伊·D. 怀特，盖·B. 亚当斯. 公共行政研究：对理论与实践的反思 [M]. 北京：清华大学出版社，2005：1.
② 郑崇明. 公共行政学的起源、演进与现代性困惑——基于制度经济学的解释 [J]. 甘肃行政学院学报，2011（3）：43-49.
③ 马骏，颜昌武. 西方公共行政学中的争论：行政科学还是政治哲学？[J]. 中山大学学报（社会科学版），2009，49（2）：155-165.
④ 马泰·卡林内斯库. 现代性的五副面孔：现代主义、先锋派、颓废、媚俗艺术、后现代主义 [J]. 顾爱彬，李瑞华，译. 当代外国文学，2015（2）：54-54；47-48.

着迈向现代的斗争,并在中产阶级建立的胜利文明中作为核心的价值观念保有活力,得到弘扬。与此相对立的另一种现代性是文化的特别是'作为美学概念的现代性',自浪漫派开端即倾向于激进的反资产阶级态度。它厌恶中产阶级的价值标准,并通过极其多样性来表达这种厌恶,从反叛、无政府、天启主义指导自我流放。因此,较之它的那种积极抱负,更能表现文化现代性的是它对资产阶级现代性的公开拒斥,以及它强烈的否定激情。"① 本书所指的现代性主要是以技术理性为特质的现代性。

现代性的基本诉求就是通过技术理性的方式发展人的自由。"现代性可以概括为一种关于人类主体和人类力量的话语体系,它以理性为核心,坚信科学和技术会将人类从自然和社会对人的束缚中解放出来,并为人类描绘了一幅有关社会健康发展的理性蓝图。"② 从这个层面来看,"现代性的核心精神是个人权利与个人自由,现代社会的构建围绕着对个人权利的尊重和保护展开,其目的是为每一个公民提供实现个人价值的平等机会。"③ 总的来说,现代性是欧洲启蒙运动所倡导的自由、理性、个人权利等核心价值观,和以此为基础建立起来的市场经济、民主政体与民族国家等一整套制度,即现代文明秩序。

尽管人们借助科学与技术挣脱了对神的束缚,但要建立这样一种秩序,在可能满足其需求的既定资源前提下,规避"合成的谬误"就成为人们所需解决的问题。这一问题若不能得到有效解决,势必出现人与人之间的战争,最终导致集体行动的失败。实现理性的途径在于获取一种制度安排,以期降低社会交易成本,实现帕累托最优。公共行政学发生的内在动力就在于寻求制度理性,以规避资源有限与人类欲望无限悖论下"合成的谬误"。如前文所述,寻求制度理性与美国进步时代的外在压力促使了公共行

---

① 马泰·卡林内斯库. 现代性的五副面孔:现代主义、先锋派、颓废、媚俗艺术、后现代主义 [J]. 顾爱彬,李瑞华,译. 当代外国文学, 2015 (2): 47–48.
② 颜昌武,刘亚平. 公共行政学的逻辑困境及其化解 [J]. 武汉大学学报(哲学社会科学版), 2007, 60 (6): 921–927.
③ 秦晓. 当代中国问题:现代化还是现代性 [M]. 北京:社会科学文献出版社, 2009: 92.

政学的发生。公共行政为化解这种紧张关系扮演了积极的角色。官僚制与现代科学技术的结合在某种程度上实现了上述蓝图。"法律与行政机关的合理性建构是这些发挥促进作用的因素中至关重要的亮点。发展近代理性资本主义不仅需要先进的科学技术的支持，完善的法律体系与高效的照章办事的行政机构也是必不可少的。"① 实践表明，这一理性的制度安排带来了巨大的红利。西方社会实现了前所未有的经济绩效的增长，增进了人们的经济、政治自由。

但其代价也是显而易见的。现代性释放了人类社会的需求能量，凭借技术的工具理性，伴随着经济全球化的加剧，整个社会变得越来越不确定。"现代性发生于西方，但目标却是整个世界，当现代性凭借理性的力量'横决天下'时，全世界的人都不得不参与其中。由此带来了风险。"② "我们所面对的最令人不安的威胁是那种人造风险，它们源于科学与技术的不受限制的推进。科学理应使世界的可预测性增强，但与此同时，科学已造成新的不确定性——其中许多具有全球性、对这些捉摸不定的因素，我们基本上无法用以往的经验来消除。"③ 在知识与技术的引领下，我们实现的不是理性，而是工具理性的胜利。两次世界大战深刻地暴露了现代性的黑暗。在理性官僚制下，大屠杀并不被视为罪恶。由此引发了人们对现代性的反思。在加拿大学者查尔斯·泰勒看来，现代性之隐忧突出表现在三个方面，即可以称作为意义的丧失、道德的褪色的东西，在工具主义理性猖獗面前目的的晦暗，以及自由的丧失。④ 人们正在陷入韦伯所忧虑的理性的铁笼之中。"现代性简直就是一场梦魇，它虚幻又真实，直观又玄奥，和善又狰狞。现代性的这两重性不能不让我们对它产生既爱又怕，欲迎又拒的复杂

---

① 韦伯. 新教伦理与资本主义精神 [M]. 桂林：广西师范大学出版社，2010：13.
② 张曙光. 现代性论域及其中国话语 [M]. 湖北：武汉大学出版社，2010：14.
③ 安东尼·吉登斯. 现代性的后果 [M]. 田禾，译. 江苏：译林出版社，2011：115.
④ 查尔斯·泰勒. 现代性之隐忧 [M]. 北京：中央编译出版社，2001：3.

心态，经常地陷入进退两难的局面。"① 对公共行政而言，在一百多年的历史演进中，其"规范化观念和思想是植根于 19 世纪后期至 20 世纪初期的现代性世界的"②。因此，"唯有跳出现代性所预设的思维模式，走向民主行政，才有可能化解公共行政的逻辑困境"。③ 要言之，西方公共行政的产生源于理性的诉求，但其技术特质为公共行政的危机埋下了伏笔。因此，反思公共行政必须从现代性的双重性开始。

第三节　现代性：一个未完成的方案

从严格的意义上讲，中国公共行政的重建始于 20 世纪 80 年代中期。众所周知，现代公共行政学是一门来自海外的学科。改革开放 40 年来，中国的公共行政改革路径有意无意地参照了西方公共行政的理论与实践。某种程度上，中国公共行政理论与实践发展是不同公共行政学流派或思想和政策结合的结果，不管是民营化思路，还是大部制改革都曾一度风光，但随着这些公共行政思想在解决中国实际问题中的缺陷展现，又都难逃被质疑的命运。每一种思想，可能仅仅只是在黑屋子里擦亮的一根火柴，只能照亮某一个小小的角落。要照亮中国经济社会前行的轨道，需要的是所有微光的汇集。因此，中国公共行政需要总体性的关怀，即需要将其放在现代性的宏大叙事中去考虑。

当前转型中的中国的基本目标就是实现现代化，即以工业文明为基础的现代性进程。尽管中国的现代性在某种程度上具有被动性，但这并不妨碍现代性的普适性。换言之，"普适性是由现代性的目标决定的，现代社会

---

①　张曙光. 现代性论域及其中国话语 [M]. 湖北：武汉大学出版社，2010：14.
②　颜昌武，刘亚平. 公共行政学的逻辑困境及其化解 [J]. 武汉大学学报（哲学社会科学版），2007，60（6）：921-927.
③　颜昌武，刘亚平. 公共行政学的逻辑困境及其化解 [J]. 武汉大学学报（哲学社会科学版），2007，60（6）：921-927.

要为个人创造实现自我价值的平等机会，系统的一致性要求现代性具有相类似的基本构成：现代社会的公民意识、市场经济和包括大众民主在内的政治体系"①。如上所述，"现代性是欧洲启蒙运动所倡导的自由、理性、个人权利等核心价值观，和以此为基础建立起来的市场经济、民主政体与民族国家等一整套制度，即现代文明秩序"。②

按照刘毅的观点，"中国的现代性的真正展开，是从1978年开始的。以邓小平为代表的领导人起到了韦伯意义上的'历史的扳道夫'的作用。"③ 以此为开端，"现代性诸因素在中国次第展开：首先是精神层面的"祛魅"与世俗化；其次是物质和社会层面的理想化；三是告别一元化的全权主义国家时代，社会与国家相分离，为公民的自由生存和发展提供了广阔的空间；四是人本主义、人文主义和个人主义思想终于获得合法性"。④ 由于长期以来中国处于物质匮乏的阶段，因此，寻求经济绩效的增长是解决社会主要矛盾的首要任务。

以经济建设为中心的社会主义市场经济体制的推进，有力地促进了经济绩效的增长。据统计，改革开放以来，我国GDP年均增长近10个百分点。正如阿玛蒂亚·森指出的那样："中国不仅在经济增长方面成绩瞩目，而且在减少贫困人口方面为世界做出了贡献。"⑤ 中国一跃成为世界第二大经济体。这是一个共赢的时代，每个中国人都在这个进程中获得了经济上初步但却至关重要的改善。

然而，经济上的成就并不等于现代性的完成。哈贝马斯在反思西方现

---

① 秦晓. 当代中国问题：现代化还是现代性 [M]. 北京：社会科学文献出版社，2009：92.

② 秦晓. 当代中国问题：现代化还是现代性 [M]. 北京：社会科学文献出版社，2009：92.

③ 秦晓. 当代中国问题：现代化还是现代性 [M]. 北京：社会科学文献出版社，2009：92.

④ 秦晓. 当代中国问题：现代化还是现代性 [M]. 北京：社会科学文献出版社，2009：92.

⑤ 姚洋. 转轨中国：审视社会公正和平等 [M]. 北京：中国人民大学出版社，2004：5.

代性时就指出，西方的现代性是一个未完成的方案。市场制度、民主宪政与民主国家、教育制度等是现代性的基本要素。改革开放以来，中国经济社会的发展主要体现在社会主义市场经济体制的建立与完善。但一个明显的事实是，中国政治体制改革明显滞后于经济发展。中国经济绩效的增长主要依靠政府的主导力量，但在分配体制上，公共行政并未做出与之相适应的调整。少数人占据了绝大多数财富，社会贫富分化日益加剧，由此遭受到社会的抗争并突出地表现在对民主政治的诉求，对公平正义的呼吁。这种对市场的"反制运动"不仅引发了一系列突发事件，严重地影响了社会的稳定与发展，而且导致了中国公共行政的合法性危机。与其说中国公共行政的合法性危机源于市场的扩张侵蚀了民主、公平与正义的领域，不如说这种合法性危机源于中国现代性方案的残缺。

政府存在的合理性需要其合法性支撑，政府合法性来源于公民的认同和支持。在卢梭看来，人是生而自由平等的。"既然任何人对于自己的同类没有任何天然的权威，既然强力并不能产生任何权力，于是剩下约定才可以成为人间一切合法权威的基础。"① 因此，国家与由之产生的政府是人们之间相互缔结契约的产物。由此可见，国家或政府的权力存在的唯一合法性依据只能是源于人民的授予和认同。政府存续的目的在于实现公意、公共幸福和公共利益。如果政府行为一旦违背人民的授权和公意，将面临失去合法性的危险。社会契约论的基本思想构成了近现代西方国家合法性的来源。

马克斯·韦伯系统地对合法性进行了阐述。在他看来，人们之所以服从命令，并按命令之规定行事，其原因在于组织中存在权威。韦伯认为，每一个权威系统都必须建立和取得一种对其合法性的信任。他具体提出了合法性权威的三种纯粹的类型。（1）法理型权威，它建立在对特定的法理形式和规范的认同的基础之上，并承认处于法定权威的人的统治权力；（2）传统型权威，这种权威给予对持续型传统的重要意义的信仰，基于对按此传统进行统治的人的信任；（3）超凡魅力型权威，它源于对特定个人的情

---

① 卢梭. 社会契约论［M］. 何兆武，译. 北京：商务印书馆，2005：10.

感依附和精神奉献。韦伯不仅从历史纵向的角度解释了社会发展不同阶段的各种合法性来源问题,而且奠定了现代政府的合法性理论基础。韦伯所推崇的法理型合法性权威为理性官僚制提供了支持,借助官僚制结构,西方国家实现了经济、社会和政治的现代性转型。

但人们对韦伯以科学、技术的手段谋求合法性的方式提出了质疑。在帕森斯看来,韦伯仅仅指出合法性对于统治的意义和描述性地指出合法性与"正当性"信念的关系,却没有真正地揭示合法性的来源。为此,帕森斯指出合法性应当来自社会的价值规范系统,合法性需要关注应然的东西,即"制度模式根据社会系统价值基础被合法化"[①]。在哈贝马斯看来,工具理性占据了经济社会意识形态的主体地位并深刻地影响着人们生活的各个方面。从这个意义上讲,技术和科学本身就构成了意识形态,构成了当代发达工业社会的合法性的基础。但与此同时也加剧了资本主义国家的合法性危机。为此,哈贝马斯对合法性进行了重新界定。在他看来,合法性意味着某种政治秩序被认可的价值。

由此可见,政府的合法性问题关系到一个国家政权的存续,即政府行使公共权力的正当性。因此,从本质上讲,合法性在于政府与社会公众之间的平等交易,这种平等交易的前提是价值的认同与被认同的关系。这种交易表现为公共权力使用权的出让与因使用权的出让而获得的公共利益回报。因此,公共权力的供给与需求之间应维持平衡。如果公共权力的供给大于公共权力的需求,就会导致公共权力的代理人权力大于责任,出现有权无责的现象;如果公共权力的供给小于公共权力的需求,则难以有效地实现公共利益。寻求公共权力的供求平衡关系是公共权力合法化的基础,并在此基础上寻求成本、收益的最大化。从人民主权的原则来看,公共权力合法性主要在于"评判、调整和规范公共权力的活动和实现,它所关注的中心问题是公共权力应如何行使、如何防止公共权力的滥用和公共权力

[①] 郑崇明,涂刚鹏.论我国公共权力合法性及其变迁——兼析重申官僚制的逻辑[J].岭南学刊,2008(5):37-40.

应采取的适当形式"①。总的来说，人民的公意是政府合法性存在的理由，人民的公意经过程序化表现为公共权力，而公共权力是一切政府组织运作的核心要素。由于政府大多按照官僚制结构建构，因此，公共权力的合法性也就决定了官僚制组织的合法性，并最终通过社会公众对于官僚制组织基于公共权力运作产出的认可而确立。

在中国，共产党是执政党，是中国特色社会主义的领导核心。政府的合法性与执政党的合法性具有一致性。因此，中国公共行政的合法性问题不可能通过政党竞争的途径来实现。从这个意义上讲，化解中国公共行政合法性危机的途径便诉诸中国执政党合法性的自我求证。自中华人民共和国成立以来，巩固和务实公共行政的合法性基础就成为中国执政党的基本任务。

在某种意义上讲，中国公共行政合法性的变迁遵循了韦伯式的变迁。由于中国近现代史的农业社会向工业社会转型的曲折性与复杂性，中国公共行政权力合法性发展路径并没有走出一条独具中国特色的道路。倒是有迹象表明，公共行政权力合法性变迁正日益与韦伯权威结构理论相吻合。每一次变迁都建立在合法性的重建与危机当中。从近现代中国历史来看，民族独立与现代转型是中国的两大基本任务。这也是中国公共行政的合法性的基点。1949 年中华人民共和国的成立，实现了民族独立，为巩固这一成果，中国执政党与政府主要通过政治运动治理来完成。由于国家领导人过于强调政治导向的合法性建设，这一政治运动一直延续到改革开放。在这一阶段，社会的每一个角落都渗透着强烈的政治意识形态，其合法性主要基于对领袖人物丰功伟绩的崇拜。因此，中国政府的合法性主要体现超凡魅力型。同时由于农业社会的特质，其合法性也掺杂了传统习俗的因子。对领袖人物绝对权威的崇拜很快带来了巨大的社会危机，由此，人们开始了对建立在个人崇拜基础上的公共权力或权威合法性的反思。以党的十一届三中全会为分界点，中国政府的合法性建设开始以经济绩效为基础。在

---

① 林奇富，周光辉. 批判与重构：公共权力的合法性与合理性——约翰·密尔功利主义政治哲学探微［J］. 吉林大学社会科学学报，2001（5）：11-17.

现代社会的政治经济条件下，除了意识形态之外，构建公共行政合法性统治的途径主要有两条：第一条是通过良好的政绩来论证自身的合法性，即通过绩效来证明政府的合法性；第二条是通过加强民主与法制建设来建立统治者的民主法制合法性基础。[①] 在民主政治尚不完善的中国，通过追求绩效即有效性来重塑公共行政的合法性不失为一个理性的选择。改革开放40年经济绩效的增长，一方面有效地解决了中国一直以来的物质贫乏与需求增长的矛盾；另一方面，随着市场经济的深入，在国家意识形态合法性式微的情况下，公共行政的合法性危机得到了有效的缓解。

但随着市场经济的不断推进，贫富差距越来越大，有统计表明，在当今中国，10%的人口占有40%的财富，社会公平问题日益凸显，由此引发的各类社会矛盾严重地影响着经济社会的稳定与发展。这不仅有悖宪法的精神，而且在实践上导致了社会公众对政府的信任程度的降低。此外，腐败问题日益严重、生态环境日益恶化等公共问题致使公共行政的合法性危机再次产生。由此可见，公共行政合法性的自我求证无助于公共行政合法性危机的化解。在中国公共行政合法性危机的悖论中，我们可以看出政府始终处于主导性地位，试图通过自上而下的途径增进其合法性。然而事实证明，每一次合法性的自我求证都难以持久，旧的合法性危机刚刚解决，新的合法性危机又产生了。"诺斯悖论"几乎成为中国公共行政挥之不去的阴霾。中国公共行政似乎陷入了一个合法性悖论而不能自拔。这对现代性转型中的中国来说，无疑是一个巨大的挑战。

更为显著的问题是，中国公共行政合法性危机嵌入了技术至上的工具理性的因素。受政治行政二分法的影响，技术在公共行政中大行其道。首先是作为工具理性的官僚制结构几乎钳制了整个社会。这只"看得见的手"无所不在，尽管人们对官僚制非人格化等属性批判甚多，但在中国看来，官僚制是不完整的，处于工业化阶段的中国还需要强化对理性官僚制的依赖。在这种背景下，公共行政的合法性与理性官僚制紧密相关。换言之，

---

① 马宝成. 有效性：现代政治合法性的政绩基础[J]. 天津社会科学，2002（5）：52-56..

中国公共行政的合法性问题在很大程度上就是中国执政党所领导的理性官僚制的合法性问题。具体而言，"中国官僚制合法性具有多元特质，即党政合一的官僚制合法性，中央与地方官僚制的合法性，政治、经济与社会中的官僚制合法性，城乡二元制与官僚制合法性，区域发展差异下官僚制合法性等问题。"① 在转型中国的行政生态背景下，公共行政的合法性危机被不同程度地分散于这些不同类别的官僚制合法性问题中。此外，随着西方新公共管理运动的兴起，战略管理、绩效评估等私人部门的管理技术也不同程度地应用于中国公共行政实践。这种以"3E"（Economy、Efficiency、Effectiveness）为目标的"管理主义取向暂时契合我国经济社会发展的需要。"② 但同时也引发了与宪政精神不符的合法性危机。在某种程度上，当前中国公共行政的合法性危机就是现代性叙述所引发的技术理性危机。正如邓哈特所言："当他们忙于掌舵的时候，却忘记了谁拥有这艘船。"③ 换言之，当我们努力划桨的时候，却忘记了船前行的方向。以技术为特质的现代性叙事下的公共行政忽视了宪政所倡导的公平、正义、民主等价值。

第四节　中国公共行政的重建

从前面的分析可以看出，中国公共行政所面临的问题是现代性的残缺性以及由此而引发的合法性危机。因此，重建中国公共行政，我们所要思考的问题就是在完成现代性方案的基础上，建构一种具有公民性的宪政制度，以此保障社会公众的基本权益，实现国民幸福与经济社会的可持续发

---

① 郑崇明. 多元视域下中国官僚制合法性解析 [J]. 西南交通大学学报（社会科学版），2011, 12 (3)：67–72.

② 郑崇明. 从管理主义到宪政主义的公共行政学——对我国公共行政学教材的检视与设想 [J]. 社会科学管理与评论，2009 (1)：105–110.

③ 珍妮特·V. 登哈特，罗伯特·B. 登哈特，等. 新公共服务：服务，而不是掌舵 [M]. 北京：中国人民大学出版社，2004：6

展。换言之，中国公共行政的重建需要从两个方面入手：一是完成未完成的现代性方案，二是在现代性方案之后的宪政之路。

现代性是一种新制度的集合，包括现代社会的公民意识、市场经济、民主政体、民族国家以及大学和科研机构。现代性在科学技术的指导下迅速转化为全球性。世界上任何国家或地区都不可避免地被卷入到全球化浪潮中。尽管现代性起源于西方，但这并不妨碍其理性化、世俗化、分化、主体性原则等基本内涵在其他国家或地区的适用性。在吉登斯看来，"现代性，从其全球化倾向而论，是一种特别的西化之物吗？非也。他不可能是西化的，因为我们在这里所谈论的，是世界相互依赖的形式和全球化意识。"① 因此，中国的现代性也必然包含这些基本的要素。

就当代中国而言，这些现代性要素尚未得到有效的实现。从市场经济来看，在改革开放以来，中国逐渐确立了从计划经济向市场经济转型的经济体制，并最终在20世纪90年代初步建立了社会主义市场经济体制。尽管通过市场对资源的有效配置实现了经济绩效的极大增长，但一个明显的事实是，中国的市场经济发展还不充分。据统计，中国经济自由度指数自1999年以来呈下降趋势。经自由交易的市场机制在很大程度上受制于政府的管制，尤其是在国有企业方面较为突出。"就中国今天最有成就的经济领域而言，贫富的差距，城乡之间的落差，市场规范的缺失，实在还未能完成一个经济的文明秩序。"② 从民主政治来看，存在着两个方面的问题：一是政治体制改革滞后于经济体制改革，二是政治体制改革正处于一个非常关键的节点。执政党与政府的功能该如何定位，公共权力怎样才能得到有效的监督，怎样才能有效地保障公民的基本权力，等等。这些问题不能解决，就无法推动社会的良性发展。从民族国家的角度来看，民族问题在我国长期存在，其中在新疆维吾尔自治区、西藏自治区较为严峻。从大学与科研来看，中国大学一直以来存在着大学机构行政化的问题。如何建立思

---

① 郑兴凤，程志敏. 梦断现代性 [M]. 上海：上海书店出版社，2006：18.
② 安东尼·吉登斯. 现代性的后果 [M]. 田禾，译. 江苏：译林出版社，2011：115.

想独立、学术自由的大学制度是中国高校教育制度改革的核心内容。从公民社会来看，中国公民意识普遍不高，这一方面受制于几千年的传统思想，另一方面也受制于物质的匮乏。总的来说，从现代性的基本价值来看，上述问题正是中国公共行政合法性的关键所在，只有有效地解决了这些问题，才能实现一个现代文明秩序。

过去的中国现代性方案不仅在经济领域具有残缺性，而且就整个现代性要素而言也是远远不够的。归根到底，中国公共行政的合法性危机就源于现代性的残缺性。尽管现代性具有普遍性的价值，但这并不意味着完成现代性的路径是唯一的。现代性路径与该国家或地区独特的文化相联系。这就决定了中国的现代性方案具有其独特之处。因此，中国现代性方案的路径主要是实现市场经济、民主政治、民族国家与大学制度在中国的本土化。需要指出的是，现代性是一种双重现象，它"带着一种广泛的不安：工具主义理性不仅拓展了它的范围，而且也有控制我们的生活的威胁。令人害怕的是，应该有其他标准来确定的事情，却要按照效益或'代价—利益'分析来决定；应该归到我们生活的那些独立目的，却要被产出最大化的要求所遮蔽。人们可以指出许许多多实实在在体现这种忧虑的事情：例如，经济增长的要求用来为非常不平等的财富和收入分配辩护，同样的要求使得我们对环境的需要，甚至是对潜在的灾难无动于衷。"[①] 此外，现代性还带来了道德的冷漠、集体无意识等问题。因此，就中国现代性而言，公共行政合法性也包含这一维度。

在现代性方案完成之后，中国公共行政的合法性建设需要转到宪政制度上来。如上所述，公共行政需要超越现代性，追问公共行政的大问题。实现全体社会公民的幸福生活是公共行政合法性的皈依。因此，宪政建设的起点是对人们需要什么样的幸福生活的追问。对此问题的回应需要回到一个人类社会最为基本的问题上，即人们怎样才能使自己的需求得到有效的满足？尤其是在公共需求层面上，谁将是合法的公共需求供给的主体？

---

① 姚洋. 转轨中国：审视社会公正和平等 [M]. 北京：中国人民大学出版社，2004：5.

前已述及，中国公共行政的合法性是通过自上而下的自我求证方式来实现的。换言之，社会公共产品与公共服务是由政府来判定并实施的。这样一来，就会出现一个问题，即政府是否真正有效地理解了民众的公共需求？公共产品与公共服务提供的一般逻辑是：公共需求的提出，需求意愿的有效表达，政府提供相应的公共服务。但长期以来，政府在公共需求方面的判断处于主导性地位，政府提供什么，人们只能被动地接受，并且政府提供公共服务具有一元性，而人们的需求往往是多元性。如此一来，就会导致公共服务供求之间的紧张关系。当公共服务不能有效满足社会公众的多元需要时，公共行政的合法性问题就产生了。换言之，"理解需求、提供需求与需求满足之间出现了断裂，三者并非同一个主体。"[①] 要解决这一问题，就需要将这三方面合为一体，这样一来，需求主体就能清晰界定需求什么，需求满足的程度有多大。反映在宪政建设上，就是要对社会各类公共服务提供主体的权力做出明确的界定。

宪政是民主社会为了解决对政治权力的制约问题，限制政府权力，以有效地保障人权、自由与社会公正，而建立的民主制度。宪政的意义就是限制政治权力，保障公民权利，促进公共福利。因此，宪政是公共行政合法性的根本，它所规定的制度与秩序是公共行政所要完成的任务。根据社会职能属性划分，整个社会可以划分为三个部门，"第一部门为公共领域，主要是指政府部门，公共领域涉及公共产品的提供，从根本上说是公共权力的占有与分配的问题。在当今民主国家，国家职能与行政职能之间是一个委托-代理的关系，行政职能是国家职能的集中反映。第二部门是私人领域，主要是指微观的市场交易主体。市场通过价格机制来调配私人物品的分配。第三部门是介于公共领域与私人领域之间的社会团体，它们一方面带有准公共性质，另一方面，在产品的供求上强调市场机制的效率。但不管是哪一个部门，都是在提供满足人们内生偏好的需要。"[②] 因此，公民、

[①] 郑崇明. 超越公平与效率的公共权力产权分析——兼论公民自治的合法性基础[J]. 广东行政学院学报，2008，20（3）：12-15.

[②] 郑崇明，郭子平. 中国行政国家合法性的历史变迁与路径选择[J]. 湖北社会科学，2010（6）：34-37.

市场、政府等都可以是公共服务的提供主体。一个良性的社会应当是政府、市场与社会三位一体的社会，即政府、市场、社会共同构成社会治理的主体，政府不应当凌驾于整个社会之上。从这个层面来看，政府的职能应该逐渐缩小而不是扩大，政府在公共服务方面应该通过个性化的方式满足社会公众的各类需求。另一方面，随着公民社会的成熟，公共服务自主化将是未来公共服务的基本途径。这样一来，不仅有利于化解公共行政的合法性危机，更为重要的是，公共资源能够得到有效的配置，最终实现社会公众的幸福生活。

转型中的中国所出现的社会矛盾引发了我们对公共行政的反思。现代性是公共行政发生发展的宏大叙事。如果不从现代性的角度对公共行政的起源与变迁做出合理的解释，公共行政的理论与实践都不能实现其长足的发展，也不能对其做出全面的审视。因此，对公共行政的反思必须置身于现代性背景中。公共行政一方面促进了现代性的进程，另一方面也为公共行政带来了合法性危机。中国公共行政面临的合法性危机有其客观的历史因素，但更重要的是现代性的残缺所致。中国公共行政合法性危机的反复正是现代性残缺的体现。这样一来，不论在理论上还是在实践上，中国公共行政都严重忽视了公共行政的整体价值。正是在这个层面上，提出了中国公共行政的重建思路，即完成极具中国本土化的现代性方案，并在此基础上重新思考宪政问题。

在以习近平同志为核心的党中央的坚强领导下，中国国家建设正在不断走向现代化。早在2005年，时任中共中央总书记、国家主体胡锦涛同志就提出了"四位一体"中国特色社会主义事业总体布局。在中国共产党第十八次全国代表大会上，习近平总书记将中国特色社会主义事业的总体布局由"四位一体"拓展为"五位一体"，全面推进经济建设、政治建设、文化建设、社会建设和生态文明建设。"五位一体"总体布局与现代化建设目标有了更好的对接，中国人民追求的美好生活也更趋完美。"五位一体"总体布局不仅提供了中国现代性的重建的方案，也为世界其他国家贡献了中国智慧。

第四章　中国特色的政治与行政

中国公共行政特定的制度环境是政治与行政的高度融合。政治与行政是公共行政的经典命题，不论何种治理结构都必须对这一命题做出回答。政治与行政二分是西方公共行政理论与实践的基石，政治与行政之间的关系主导着公共行政研究的思路，即宪政主义的规范性研究与技术主义的实证研究，这一方面回应了现代性话语的叙述背景，另一方面也导致了公共行政研究的合法性危机。从中国的语境来看，政治与行政是水乳交融、密不可分的。二者相互嵌入，甚至相互转化。因此，研究中国的公共行政，必须对中国的政治与行政关系做出有效的判定。

第一节　公共行政的研究范式

在公共行政社群看来，政治行政二分法不仅开创了现代意义上的公共行政学，而且奠定了传统公共行政学范式的理论基础。随着时代的变迁，公共行政研究的视野得到了极大的丰富，其范式转换成为人们争议的焦点。尼古拉斯·亨利将公共行政划分为四个范式，即政治行政二分法（1900—1926）、公共行政原则（1927—1937）、作为政治学的公共行政（1950—1970）、作为公共行政的公共行政（1970—）[1]。文森特·奥斯特罗姆认为

---

[1] 亨利. 公共行政与公共事务 [M]. 北京：中国人民大学出版社，2002.

公共行政存在着两种替代性的范式——官僚制行政理论与民主制行政理论①。欧文·E. 休斯则将公共管理视为传统公共行政范式的替代范式。②陈振明在梳理西方公共行政演变的基础上，认为公共行政已经出现了一个独立的范式。③蔡立辉则认为公共管理范式的兴起并不成立。"虽然近些年来公共管理引来了大量的讨论，在世界上有许多关于'范式变化'的谈论，但是还没有形成关于分析公共管理的普遍同意或接受的基本知识。"④任何学科范式的形成都是与其时代场景紧密相关的。"范式本身并不解释任何事情，但它是产生理论的逻辑架构，是用来组织我们的观察和推理的基础模型或参考框架。"⑤它必须置身于其具体的社会背景。人们之所以提出公共行政若干范式的转变正是因其时代场景的变迁所致，或者说这些范式的建构源于局部叙事非宏大叙事的支撑。

因此，上述范式的划分并没有超出现代性宏大叙事的背景。公共行政研究的核心也始终没能脱离政治行政二分法。换言之，各种所谓的范式转换只不过在政治行政二分法的基础上注入了时代的元素。因此，本书的基本假定是：与其说公共行政学发生了各式各样的范式转换，毋宁说这些所谓的转换不过是在现代性叙事背景下对政治行政二分法的重构。政治行政二分法理所当然地成为现代公共行政思想史上的"圣经"。在这种假定基础上，我们发现公共行政理论的发展遵循了民主价值与效率价值两种路径，在实践中则贯穿了公平与效率的争夺或调和，而在研究方法上则沿袭了规范主义与逻辑实证主义的方向。显然，在现代性叙事基础上的政治行政二分法已经危及了公共行政理论与方法的延展，由此导致了公共行政研究的合法性危机。

---

① 文森特·奥斯特罗姆. 美国公共行政的思想危机 [M]. 上海：上海三联书店，1999.
② 欧文·E. 休斯. 公共管理导论 [M]. 北京：中国人民大学出版社（第三版），2007.
③ 陈振明. 公共管理学 [M]. 北京：中国人民大学出版社，2003.
④ 克里斯托弗·胡德. 国家的艺术：文化、修辞与公共管理 [M]. 上海：上海人民出版社，2009.
⑤ 艾尔·巴比. 社会研究方法 [M]. 邱泽奇，译. 北京：华夏出版社，2000.

自公共行政学开创以来，就一直伴随着对其学科身份、学科范式、价值取向、研究方法等方面的反思与批判。颜昌武、马骏立足于中国公共行政的理论与实践，系统地梳理了西方公共行政学历史上的思想争论。他们为中国学者进一步认知西方公共行政的发展脉络提供了全新的视角。[①] 在颜昌武看来，公共行政是现代性的产物，并且决定了公共行政的理论思维与实践走向，这种理论思维与实践走向可以被细分为公共行政领域的去政治化叙事、公共行政学科的科学化叙事、行政人员的专业化叙事与公共行政研究的实证化叙事。[②] 现代性叙事决定了公共行政学的活动领域、价值取向、技术支持等。他们从哲学的角度宏观地解构了公共行政的全景。他们的贡献在于为我们提出了问题，而对这些问题的回答则是我们需要深思和探讨的。

本书的观点是，在公共行政现代性的宏大叙事基础上，假定在公共行政学之政治—行政范式从未改变。正因为如此，才引发了公共行政研究在理论与方法上的隐忧，即威尔逊之后的公共行政学的发展，在很大程度上隐去了民主的意义而走向理性至上的技术路径，并通过求助于逻辑实证主义的研究方法反过来进一步强化了技术色彩，由此导致民主成为被遗忘的隐形角色。在后现代性日益凸显的今天，超越这种范式，拓展新的研究方法显得更加紧迫。

第二节　政治与行政的价值困惑

公共行政的规范化观念和思想是根植于19世纪后期至20世纪初期的现

[①] 颜昌武. 公共行政学百年争论 [M]. 中国人民大学出版社, 2010.
[②] 颜昌武. 公共行政的现代性叙事：反思与批判 [J]. 学术研究, 2009 (6): 54-58.

代性世界的。① 公共行政从一开始就是现代性的产物。在时间断裂的意义上，现代性以中世纪为参照对象。现代性意味着对传统的专制的权力的反抗，其基本任务是实现人的自由，而实现这一目标的途径就是科学。泰勒发起的科学管理运动无疑契合了美国进步时代在公共行政实践领域的需求，即行政问题可以通过技术的支撑来解决。古德诺关于政治行政二分的系统阐述——"在所有的政府体系中都有两种基本的或主要的政府功能，即国家意志的表达和国家意志的执行。在所有国家中也存在着分立的组织，每一个分立的组织都主要是忙于履行这两种功能中的一种。这两种功能分别是政治与行政"②——为公共行政学的技术导向提供了注解。这样一来，公共行政学从一开始就蕴含了浓厚的工具主义思维倾向。

政治行政二分的观点不仅在理论上奠定了传统公共行政范式的根基，重构了国家的职能，即政治职能与行政职能，并且强有力地改造了实践中的公共行政，如文官制度与城市经理制的运用。在文官制度中，通过政务官与事务官的分离，强调事务官价值中立的原则极大地改善了党魁政治的弊端。城市经理制将政治职能与行政职能相分离，有效地解决了政治过程中的委托－代理问题。因此，效率是行政价值尺度上最高的原则。在传统公共行政学看来，不论是公共的还是私人的，基本的"善"在于效率。行政学科的基本目标是花费最少的人力和物力完成正在进行的工作。政治行政二分法与科层制的结合使现代性得到了极大的彰显，在经济绩效极大增长的同时也提升了人们在现代社会中的自由。换言之，在相当长一段时间里，技术理性支配着公共行政的运作，并在变迁的时代中极大地丰富了政治行政二分这一范式，其理论突破以新公共管理理论为典范，并在实践中掀起了一场风靡全球的新公共管理运动。

然而，技术理性不仅导致了公共行政的"道德冷漠"，并且让我们日益陷入一种新的且特别有害的罪恶形式。在亚当斯看来，将技术理性的心灵

---

① 特里·L.库珀.行政伦理学：实现行政责任的途径[M].张秀琴,译.北京：中国人民大学出版社,2010.

② Frank J. Goodnow. Politics and administration [M]. Macmillan company, 1900.

模式作为解决社会和政治问题的方法，导致了一种令人恐惧的新的罪恶形式——行政罪恶——它特别值得关注，而现代组织和机构为罪恶提供了环境。这种行政的罪恶带着许多面具，使其得以瞒住那些无意识地听从其召唤的"普通人"。因而，通过对语言的运用与"道德倒置"的过程，行政罪恶使公共行政人员成为他的不自知的共犯。换言之，现代罪恶将现代复杂组织和技术理性文化作为其遮盖的面具。这种规范使现代官僚机构中的人们成为其对可恶行为既不知晓也无意识的代理人。行政罪恶潜伏在政府中寻求技术理性的专业专长来解决社会问题的地方①，最终导致公共行政的"碎片化"与集体无知。技术理性一开始就为公共行政设置了一个看不到光明的陷阱。正如邓哈特所言，当我们在努力划船的时候，却忘了船前进的方向。

对技术理性的过度依赖及其产生的严重危害迫使人们不得不重新反思政治行政二分法。如果说政治是国家意志的表达，行政是国家意志的执行，那么，国家意志的执行是否有效地回应了国家所表达的意志，即宪政所体现的价值。如果说政治表达的是一种宪政价值诉求，如果行政真的是"现代政府的核心"，那么，20世纪的民主理论必须包含在内。不论是在历史上还是在逻辑上，自由、平等、博爱构成了民主"真实"内容的绝大部分。如果没有上述概念，当代民主的全副装备，如代表大会、公民权利、普选权、司法独立等，都是毫无意义的②。秉承这一观点的包括弗雷德里克森代表的新公共行政理论，20世纪80年代后期的"黑堡宣言"，以邓哈特为代表的新公共组织理论以及新制度主义所主张的秩序等。坚持民主取向的公共行政社群认为，新公共管理者信仰的公共企业家精神忽略了美国宪政民主高度肯定的其他价值，诸如公平、正义、代表性或者参与这些价值都不在他们的考虑范围之内。盲目应用商务管理的原则与实践，会削弱公共官僚结构的正直性，并危及民主生活方式。

---

① Dubnick M J. Spirited Dialogue: The Case for Administrative Evil: A Critique [J]. Public Administration Review, 2010, 60 (5): 464-482.

② Dwight Waldo. Development of Democracy Administration. The American Political Science Review, Vol. 46, No1, 1952.

第四章 中国特色的政治与行政

从上面的分析可以看出,政治行政二分法存在着潜在的危机。正如古德诺所言,严格意义上的政治行政二分法不论在理论上还是在实践中都会遭遇困境。因此,政治与行政需要取得协调的基础,即政治对行政的适度控制。经典的政治行政二分法所隐含的假设是,真正的民主和真正的效率是同一的,或至少是可以调和的,通过提高经济的一端(效率),人们也就提高了他的政治的一端(民主)。然而,实践证明,不论是"两官分途"还是城市经理制,价值中立与委托-代理问题的解决只是人们的一厢情愿。政治与行政之间的界限被人为地夸大了。人们往往不能将规范性考虑从公共行政的问题中排除出去①。公共政策制定和执行的具体模式表明,政治和行政并不是两个相互排斥的区间,或者说绝对的区分,而是一个过程的彼此紧密联系的两个部分。许多政策并不是由立法者或大独裁者大笔一挥签署而成的,而是经过漫长的时间演变而成的,行政官员在这一政策演变过程中持续地扮演了重要参与者的角色。因此,"我们必须不断提醒新公共管理者的支持者们,当他们认为经济和效率是重要价值的时候,不要忘了,……回应性、公平、代表性和法治等价值是得到高度肯定的。"②

从上面的分析可以看出,公共行政始终隅于民主与效率的困境表明公共行政学的价值取向未能突破现代性叙事。"现代性的一个悖论在于将技术理性意识形态化,反映在公共行政的理论与实践中,则是将民主政治与理性官僚相割裂。公共立足于价值理性,行政则依赖于技术理性。但技术理性否认价值理性的逻辑……因此,公共行政不得不在民主政治与理性官僚的困境中艰难生存。"③ 由此,政治行政二分范式日益成为现代性的问题。然而,不幸的是,人们并没有试图从现代性的视角来反思这一范式,而是

---

① Robert A. Dahl. The Science of Public Administration: Three Problems. Public Administration Review, Vol. 7. No. 1. 1947.

② Larry D. Terry. From Greek Mythology to the Real World of the New Public Management and Democrace (Terry Responsa). Public Administration Review, Vol. 59, No3, 1998.

③ 马骏,颜昌武. 西方公共行政学中的争论:行政科学还是政治哲学?[J]. 中山大学学报(社会科学版),2009,49(2):155-165.

对这一范式进一步回归与强化。

第三节 规范性与逻辑实证主义

伴随着政治与行政的分离，即价值与事实的二分促进了目的与手段的分殊。在公共行政研究的方法上，也主要存在着规范性研究与逻辑实证主义研究两种途径。在社会研究中，一直存在着两种基本的，同时也是相互对立的方法论倾向，即逻辑实证主义方法论与人文主义方法论。

长期以来，实证主义方法论一直占据着社会研究方法论的主流地位。在实证主义看来，社会研究应该向自然科学研究看齐，应该对社会世界汇总的现象及其相互联系进行类似于自然科学那样的讨论，其主要目的在于回答描述与解释，即"是然"的问题。在研究方式上，定量研究成为实证主义的基本特征之一。而规范性研究则强调研究社会现象与人们社会行为时，需要充分考虑到人的特殊性，考虑到自然现象与社会现象之间的差别，要发挥研究者在研究中的主观性，尤其是需要进行投入理解，需要思考和回答价值即"应然"的问题。在弗里德曼看来，实证就是"独立于任何特殊立场或规范判断……它讨论的是是什么的问题而不是为什么的问题。其任务是提供归纳体系，这套体系能够用于做出有关环境中任何变化之结果的正确预测，其绩效有待其产生的预测的精确性、范围以及与之经验相一致来加以检验。它是一门客观的科学，就其精确性而言是等同于任何一门物理科学的。"① 从政治行政二分范式可以看出，政治注重的是"应然"的问题，而行政注重的则是"是然"的问题。由此，公共行政研究在方法论上存在着规范性研究与逻辑实证主义研究的思路。

在公共行政理论与实践的演进中，我们发现，逻辑实证主义所注重的技术理性极大地推动了公共行政理论与实践的发展。在技术理性的指引下，

---

① 颜昌武. 公共行政学百年争论[M]. 北京：中国人民大学出版社，2010.

行政效率成为人们追逐的目标。因此，人们愿意从价值中立的角度将技术理性融入公共行政的理论与实践中。正如西蒙所言："如果我们继续沿袭他和绝大多数政治理论家们所采用的那种散漫的、文学性的、隐喻式的方式来思考和写作，那么，我实在看不出我们在政治哲学上还能有什么进展。在政治理论中被容许的不严谨的标准，在逻辑学的基本课程中，如亚里士多德逻辑或符号逻辑中，不会得到及格以上的分数。"① 逻辑实证主义者批判"规范主义者为公共行政研究设置了一个非科学的程序。研究的作用并不只是，或主要是为知识发展或理论建设服务，而是服务于规范主义者提出的某种特定道德理论的说服性需要。"② 在西蒙看来，规范性的研究是错误的且缺乏严谨性的。因此，"定量的或分析的……方法被创设公共政策项目的早期学者大力推广，他特别强调战略性地运用复杂的分析技术如预测、成本－收益分析等。定量的或分析的管理的倡导者们认为，系统的分析减少了决策过程中的不确定性，因而在高端政策领域提升了行政决策的有效性与质量。"③ 在科学哲学中，逻辑实证主义仍然是一个强有力的主题。逻辑实证主义所构建的这种模型导致了公共行政学家们 50 多年的忧虑，而这正是政治与行政相分离后于现代性的产物。从这个意义上讲，逻辑实证主义反过来进一步强化了政治行政二分范式。

由于技术理性否认了价值理性的逻辑，因此，技术理性日益成为公共行政问题的一部分，实证主义研究方法的隐忧让人们重新思考价值理性的规范性研究方法。在政治行政二分范式形成之初，达尔就提出了价值命题是不可以用科学方法证明的担忧。在沃尔多看来，实证主义者的主张制造了"民主进程中的绊脚石"。公共行政学任何合法的理论都必须超越经验主义和数据驱动的实证主义社会科学模式，他必须优先考虑他所服务的民主社会的目标和价值。④ 换言之，"逻辑实证主义已经面对着重大的挑战，无

---

① 颜昌武. 公共行政学百年争论 [M]. 北京：中国人民大学出版社，2010.
② 颜昌武. 公共行政学百年争论 [M]. 北京：中国人民大学出版社，2010.
③ 颜昌武. 公共行政学百年争论 [M]. 北京：中国人民大学出版社，2010.
④ 颜昌武. 公共行政学百年争论 [M]. 北京：中国人民大学出版社，2010.

论是从规约性的角度,还是从描述性的角度,其合法性都遭到了削弱。"①在质疑实证主义研究方法的基础上,公共行政理论的规范主义研究途径得以宣扬。其中以 20 世纪 70 年代早期的"新公共行政运动"和 20 世纪 80 年代早期的"黑堡宣言"为标本。规范性研究途径强调"公共行政理论不仅需要实践上的可操作性,还必须促进实现公共的特殊利益与普遍利益。需要优先考虑公共服务价值的理论"。单纯地强调实证主义本身就是一种技术缺陷,"各种形式的实证主义议程在其能力上是有害的,它们误导了研究,并使得公共行政领域不能发现其在社会中作用的真正本质。"② 然而,规范主义的研究途径更多的是对逻辑实证主义研究途径的批判,它并没有发展出一套系统的方式解决民主政治的实现问题,至多是在警示人们过度的实证主义取向将导致公共性的丧失,无助于善良社会的建构。

总之,现代性叙事下的政治行政二分范式不仅界定了公共行政研究的价值判断,并且主导了公共行政的研究途径,同时也让我们陷入了另一个新的陷阱。这显然不是公共行政的要义。

因此,当我们反思政治行政二分范式所带来的困惑之际,我们的关注点应当放在该范式产生的宏大叙事即现代性之中,而不是那些细微的技术层面的改造。如果说现代性叙事主导了政治行政二分范式的发展,那么,后现代性叙事又应该为公共行政提供什么样的范式?如果说现代性叙事背景下的公共行政研究方法主要由规范性逻辑实证主义为主导,那么,后现代性叙事背景下的公共行政研究方法又该有哪些?公共行政价值判断与研究途径应当置身于建构整个人类社会的美好愿景之中,而不是某一个历史阶段。正如沃尔多所言,公共行政是关乎整个人类社会发展的事业。因此,公共行政的价值导向就需要上升到哲学的高度来建构,公共行政必须具有人类社会的终极价值命题的关怀。

超越现代性视域下的政治行政二分范式所带来的困境需要把握对未来社会的预期,而这些预期的实现需要借助不同的途径。"如果我们真的要理

---

① 颜昌武. 公共行政学百年争论 [M]. 北京:中国人民大学出版社,2010.
② 颜昌武. 公共行政学百年争论 [M]. 北京:中国人民大学出版社,2010.

解人类的社会行为，那么，就必须以选择性的（即非实证主义的社会科学）方法论来补充，修正甚至替代社会科学方法。大量的历史事实使我们相信，没有任何单一的途径——即使被冠以科学这一高度实证的标签——对公共行政的研究是足够的。如果研究要理性指导，那么，研究途径的多样化，即既尊重实践理性也尊重理论理性，似乎就是必要的。所以，我们建议，公共行政的知识和理论发展应以多种方式进行，包括假设检验、案例研究、行政或政策的过程分析，以及对该领域的整体或部分的历史诠释，演绎论证、哲学批判和对行政经验的个人反思。"[1] 既然政治行政二分范式在研究方法上的局限导致了公共行政的现代性困惑，那么，规范性与逻辑实证主义之外的研究方法就应该进入我们的视野。

现代性宏大叙事不仅催生了政治行政二分范式，而且引发了公共行政民主与效率的价值争论并主导了逻辑实证主义与规范性的研究路径。这一范式回应了现代性的需求，为实现人类社会经济发展、自由解放做出了极大的贡献。然而，在现代性式微的背景下，其危机得以凸显，日益成为公共行政发展的障碍，甚至迷失了公共行政发展的方向。政治行政二分范式不仅束缚了公共行政理论外向拓展的可能性，并且，公共行政的研究方法也拘泥于规范性与逻辑实证主义并侧重于后者，导致实践中的公共行政日益陷入现代性困境而不自知。公共行政需要担当寻求人类社会终极价值的责任，进而在理论与方法上实现新的突破。

第四节　党政体制及其运行机制

如上所述，与西方国家政治与行政二分不同的是，中国的政治与行政是高度融合的，并体现为党政体制与技术官僚之间的关系。在景跃进、肖滨、陈明明等人看来，中国共产党是理解中国政治的一把钥匙。通俗地讲，

---

[1] 颜昌武. 公共行政学百年争论 [M]. 北京：中国人民大学出版社，2010.

中国共产党执政地位是中国政治的最大特色。在中国政治的日常术语中，"党和国家""党和政府"的表述意味着党和国家、政府都是常量。因此，党政体制这一词汇高度概括了中国政治与行政水乳交融的基本蕴含。

在过去的 70 年里，党政体制型塑了新中国国家建设的历史进程。党政体制的核心是党政关系。当代中国的基本特征之一是中国共产党拥有合法的创制性地位，在国家治理中扮演着制度设计者和实践领导者的角色。执政党与政府之间不是分立的权力形态，而是二者间处于高度重合的相互依存状态，执政党通过政府来实现自己的国家治理目标，政府则通过对国家的治理行为来不断巩固执政党的地位，成为执政党理念和价值的具体执行者[①]。在不同的历史阶段，中国的党政关系先后经历了党政合一、以党代政、党政分开、党政分工和党政融合五种关系类型。这五种类型都是在特定的历史条件下政治与行政高度融合的具体体现。

按照景跃进等人的观点，"党政体制"源于对中国政治经验现实的归纳和概括。"党政体制"意味着一种复合结构，党和政府存在着这双重层级的组织结构。换言之，除了政府官僚制之外，执政党本身也是一个巨大的科层体系。从中央到地方，不同层级的党组织与政府组织相依并存，与此匹配的是两套官员队伍（国家公务员与参照公务员管理的党务干部）。同时，党政体制的这种双重官僚制结构又是合二为一的，党政体制的奥秘在于，作为一个复合体，它既超越了政党组织的逻辑，也超越了政府组织的逻辑。二者相互嵌入，并形成一个整体，政治与行政正是在这种情形下高度融合的。从政治上讲，党的领导处于核心地位。政府官员大多既是忠于执政党的党员，同时也是公务员。几乎所有的公职人员都具有这一双重身份。在中国讲政治是政府官员的基本原则。所谓讲政治，实际上就是与执政党倡导的政治价值保持高度一致。另一方面，行政执行的主体主要也是由具有党员身份的公职人员来实施。改革以来，干部任用的"德才兼备、又红又专"的标准有效地保证了政治与行政的高度统一。

[①] 刘杰. 党政关系的历史变迁与国家治理逻辑的变革 [J]. 社会科学，2011（12）：4-11.

在处理政治与行政的关系上,党政体制有着其独有的运行机制,即政治任务行政化和行政任务政治化。政治行政化主要是在政治任务分解的基础上,通过分配到常规的官僚组织设施上,自上而下地推动实施。具体而言,高层负责拟定政治目标,中层负责分解目标,基层负责执行目标。在这一过程中,自上而下的逻辑主要体现为如何将宏观抽象的政治任务具体化和操作化。另一方面则体现为行政问题政治化,这主要体现为非常规治理。由于官僚制自身固有的弊端以及中国官僚制理性化不足等方面的问题,在实践层面往往存在着"上有政策、下有对策"的情形。为实现治理的有效性,对于一些常规治理成本过高或治理困难的任务,将其拔高到政治的高度,进而采取诸如运动式治理的方式加以推进。各级官僚组织及其成员所面临的不再是一项简单的行政任务,而是一项政治任务。从操作层面来看,首先是将党和国家所要推行的任务进行政治包装,将其提升到国家治理的高度;其次通过组建专门的机构,并指定较高层级的领导挂帅负责;第三动用宣传机构扩散政策,并通过动员的方式统一思想;第四是集中权力、时间、空间、人力、物力、财力等资源一以贯之;最后借助官僚组织加以执行。

总的来说,中国的政治与行政的关系是建立在中国共产党的领导基础之上的,即党政体制,并在此基础上通过公务人员的党员与公务员的双重角色设定,进而实现了政治与行政的高度融合,而在运行机制上,政治任务行政化与行政任务政治化相互补充,进而消解了政治与行政之间的张力。

第五章　行政国家与合法性

中国在很大程度上仍然是一个政府主导的国家。即行政国家的基本内涵是指以政府为主的公共部门使用了庞大的社会资源，政府在国家的经济社会发展中处于核心地位，通过公共权力对公共资源的支配来解决经济社会发展的问题并达成目标。官僚制不仅是行政国家的载体，更是公共政策制定与执行的主体，而公共权力则是其组织运行的核心。

第一节　问题与概念

公共行政的合法性问题首先是国家的合法性问题。中国是一个典型的行政国家。梳理中国行政国家建设的历史变迁，总结其经验教训，有利于推动未来中国公共行政的发展。本书试图以历史的视角探讨中国行政国家自我求证的历程，为未来中国行政国家合法性路径提供经验支持。

在公共行政学研究领域，学术界关于行政国家的文献并不多见。通过既有文献的检视，发现主题包含"行政国家"一词的共有8篇论文，其中期刊论文以白锐的《"行政国家"解析》[①]为代表。该文主要阐述了行政国家产生的历程，并进一步认为当今世界所有的国家都是行政国家，最后提出了行政国家问题的解决方式主要有管理主义途径和政治的方案。周欣的《论行政国家》则从法学的角度，通过对行政国家的概念与行政国家现象的

---

① 白锐. "行政国家"解析[J]. 云南行政学院学报，2005，7（2）：25-28.

描述,分析了国家类型更替的法治基础,在他看来,法治是现代行政国家的基础,通过法治可以有效地防止行政国家的异化①。其他行政国家的相关论文也主要是从法学或经济学的角度去探讨。如李敏的《支配给付行政的法原理分析——从"行政国家"的特点谈起》②、温冠英的《"行政国家"与经济自由》③。而独立的从公共行政的角度研究中国行政国家的文献几乎是一片空白,尤其是将行政国家与合法性问题结合起来分析的文献,尽管人们从公共行政学或政治学的角度研究政府合法性问题的文献著述颇丰。因此,本书考量的一个基点就是将行政国家与政府合法性的问题结合起来,通过经验的分析,检视中国行政国家的历史变迁,探讨未来中国公共行政的发展趋势。

"行政国家"一词最初是由奥地利行政法学者梅尔克在1927年出版的《行政法总论》中首先提出的。随后,德国学者尔·史密特从学理上对"行政国家"做了进一步的发展。在1932年发表的《合法性与正当性》一文中,他把"国家形式"分为四种,即立法国、司法国、政府国和行政国。由此可见,尔·史密特主要是从国家职能的角度对"行政国家"做出了界定。对于公共行政学界来说,一提到"行政国家",人们就会很自然地想到美国著名公共行政大师瓦尔多1948年出版的公共行政名著《行政国家:美国公共行政的政治理论研究》。

在瓦尔多看来,行政国家首先是一种国家公共职能现象,其次是一种国家公共权力现象,同时也是一种公共事务管理。它主要是指19世纪末20世纪初,与垄断的进程相一致,尤其是第二次世界大战以后,在资本主义国家立法、司法、行政三权分立的国家权力主体关系中,行政权力迅速膨胀,具有制定同议会立法效力相当的行政命令权和取得同法院判决效力相近的行政裁判权,大量直接管理介入国家事务和社会事务,从而起着最活跃和最强有力的国家作用的一种国家现象。不难看出,"行政国家"现象的

---

① 周欣. 论行政国家 [D]. 西南政法大学, 2007.
② 李敏. 支配给付行政的法原理分析——从"行政国家"的特点谈起 [J]. 苏州大学学报(哲学社会科学版), 2008, 29 (4): 46-50.
③ 温冠英. "行政国家"与经济自由 [J]. 江西社会科学, 2003 (8): 154-156.

实质是行政权力在结构与总量上的扩张，与其伴生的则是公职人员的剧增。行政国家的出现是社会发展的一种必然现象。社会公共事务的剧增必然要求政府提供更多的公共产品与公共服务，而满足这些产品与服务的公共资源必须依靠公共权力来支配。在罗森布鲁姆看来，20世纪公共部门雇员数量的增长和行政部门在各级政府的大规模发展，通常被称为"行政国家的兴起"。行政国家的特点主要有：公共部门使用了庞大的社会资源；公共行政管理者在当代政府运作过程中发挥着重要作用；他们总体上处于政治的核心地位；国家通过行政行为来解决其面临的问题并达成目标。①

行政国家的出现在世界范围内具有普遍性，尤其是在市场主义的国家形态里。福利国家所涵盖的行政职能的扩张导致的行政机构的膨胀与财政支出的剧增就是很好的体现。因此，行政国家在本质上就是行政权力在结构与数量上的扩张，并包裹了国家形态。然而，公共产品与公共服务的供给与公共权力密切相关，公共权力对于社会资源的获取、占有与使用必须以合法性为基础。因此，行政国家的建设与公共行政的合法性紧密相连。

合法性（Legitimacy）本来是一个法律术语，意指一个事物或主体的可接受性和正当性。判断一个事物或主体的合法性主要有两条途径：一条是根据既定的判断标准或框架进行判断，如根据法律、法规判断特定个体的行为和身份是否合乎法律规定；另一条途径是特定事物或个体的作用对象根据自己的价值偏好对其加以判断，判断该事物或个体的行为和身份是否符合其价值偏好。行政国家的合法性主要是指后者。合法性含有价值偏好、风俗习惯的成分，它的判断标准往往具有争议；不同的评判者、同样的评判者在不同的情势下往往会对特定事物和个体的合法性做出不同的判断。但由于每个事物或个体都是在一定的社会环境中维持和发展的，合法性关系到事物或个体能否在存续和发展中得到社会的认可，从而能够获取为了维持自身发展所需的各种资源和支持，实现功能的行使和发挥。公共行政也不例外。

---

① 戴维·H. 罗森布鲁姆. 公共行政学：管理、政治和法律的途径 [M]. 北京：中国人民大学出版社，2002.

从近代西方民主政治角度来看，卢梭不仅最先提出了合法性的概念，并且从公意的角度论证了合法性的基础。在卢梭看来，人是生而自由平等的。"既然任何人对于自己的同类没有任何天然的权威，既然强力并不能产生任何权力，于是剩下约定才可以成为人间一切合法权威的基础。"① 因此，国家只能是自由的人民自由协议的产物。也就是说，国家与由之产生的政府是人们之间相互缔结契约的产物。在此基础上，卢梭进一步提出了人民主权的观点。从社会契约的角度来看，国家或政府的权力存在的唯一合法性依据只能源于人民的授予和认同。政府存在的目的是实现公意、公共幸福和公共利益。因此，公共权力的所有权属于人民，基于公意、公共幸福与公共利益的实现超出了单个个体能力范围的考虑，人民将部分公共权力的使用权委托给政府，由政府通过代理的形式行使公共权力，最终增进公共利益。如果政府行为一旦违背人民的授权和公意，将面临失去合法性的危险。社会契约论的基本思想构成了近现代西方国家合法性的来源。

德国著名社会学家马克斯·韦伯关于合法性的论述几乎概括了历史上所有合法性基础的来源。在他看来，人们之所以服从命令，并按命令之规定行事，其原因在于组织中存在权威。韦伯认为，每一个权威系统都必须建立和取得一种对其合法性的信任。他具体提出了合法性权威的三种"纯粹的类型"。一是法理型权威，它建立在对特定的法理形式和规范的认同的基础之上，并承认处于法定权威的人的统治权力；二是传统型权威，这种权威基于对持续性传统的重要意义的信仰，基于对按此传统进行统治的人的信任；三是超凡魅力型权威，它源于对特定个人的情感依附和精神奉献。② 这一理论从历史纵向的角度解释了社会发展不同阶段的各种合法性来源问题，在人民主权的基础上进一步奠定了现代政府的合法性理论基础。韦伯的政治合法性理论得到了许多政治学家和社会学家的认同，遂成为公共行政合法性研究的基础范式。

---

① 卢梭.社会契约论[M].何兆武，译.北京：商务印书馆，1996.
② 罗伯特·B.登哈特.公共组织理论[M].竺乾威，译.北京：中国人民大学出版社，2005.

由此可见，政府的合法性问题关系到一个国家政权的存续。合法性的本质在于政府与社会公众之间的平等交易，它是建立在平等交易基础上的认同与被认同的关系。这种交易表现为公共权力使用权的出让与因使用权的出让而获得的公共利益回报。寻求公共权力的供求平衡关系是公共权力合法化的基础，并在此基础上寻求社会成本收益比率的最大化。①

第二节　中国行政国家的变迁

从1949年起，中国一直在不断地进行行政国家建设。在政府主导的管理体制下，这一建设还将继续下去。在缺失民主精神传统的中国现代社会，中国行政国家建设同样遵循了行政权力在结构与数量的扩张的法则。在高度集权的行政体制下，行政国家在中央与地方机构与数量保持着对应的比例关系。因此，行政权力在结构与数量的扩张法则仅通过中央行政国家机构的增长就可以体现出来②，如图5-1所示。

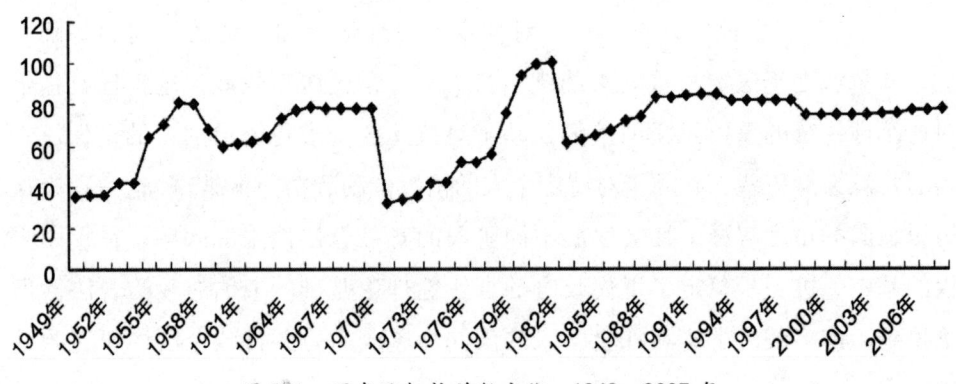

图5-1　国务院机构总数变化：1949—2007年

---

①　郑崇明．论我国公共权力合法性及其变迁[J]．岭南学刊，2008（3）．
②　何艳玲．中国国务院（政务院）机构变迁逻辑——基于1949—2007年间的数据分析[J]．公共行政评论，2008，1（1）：132-155．

1949年至2009年，国务院机构序列中共计出现过295个不同机构。历年平均机构总数为69个。国务院机构总数总体上呈现出"膨胀—精简—再膨胀—再精简—又膨胀—又精简—基本稳定"的变化曲线，其机构规模在1982年之前变化较大，但1982年后变化趋于平稳。1949—2007年，国务院机构规模出现了一个高峰期和两个低谷期。高峰期在改革开放初期那几年，从1979至1981年，国务院机构总数分别为94个、99个、100个。两个低谷期分别是：第一个是新中国成立初期，1949—1951年，机构总数依次为35个、36个、36个；第二个是"文革"期间，1970—1972年，机构总数分别为32个、34个、35个。行政机构人员数量的剧增也伴随着行政机构的增长而增长，人数最多的时候达到6万多人，改革开放以来，虽几经改革，国务院机构人员数量基本维持在4万人左右。行政国家名副其实。

行政职能是行政机构产生的载体，并由此衍生出行政权力。从传统的计划经济到市场经济的转变过程中，行政国家权力始终处于主导性地位。从国务院各种机构的性质中可以看出其行政权力的扩张与分布①。如图5-2所示。

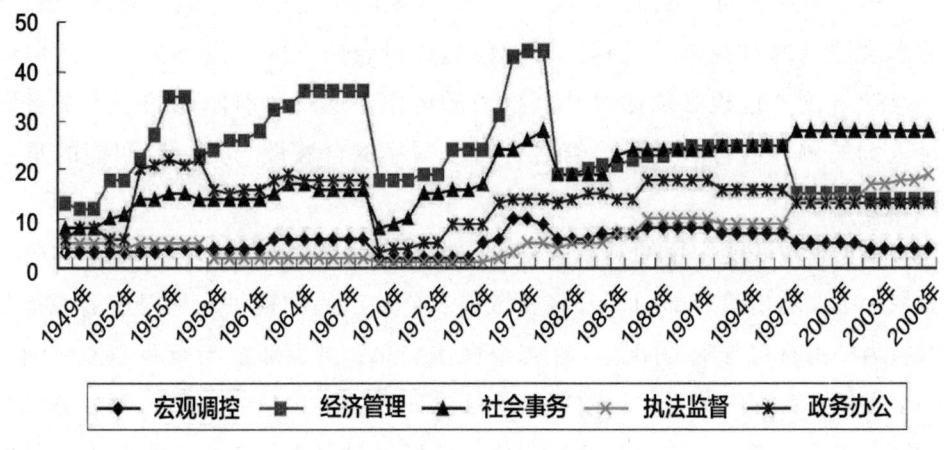

图5-2 各类组织数量变化（1949—2007年）

---

① 何艳玲. 中国国务院（政务院）机构变迁逻辑——基于1949—2007年间的数据分析［J］. 公共行政评论，2008，1（1）：132-155.

从变化曲线上看，宏观调控类、经济管理类、社会事务类组织的高峰期都在改革开放初期那几年，这与图 5-1 所示的国务院机构总数高峰期一致。政务办公类组织高峰期则在 20 世纪 50 年代中后期。1949—2007 年，经济管理类在机构总数中所占比例逐渐下降；社会事务类所占比例逐渐上升；宏观调控类所占比例变化不大，略有下降。总体而言，经济管理类在机构总数中所占比例呈现"先上升再下降"的趋势。1970 年前，经济管理类所占比例有波动，但基本呈上升趋势；1970 年后，其所占比例明显下降。到 1990 年，社会事务类所占比例首次与经济管理类持平，此后，社会事务类所占比例逐年上升，在 1998 年超过经济管理类并将此优势保持至今。

从上面的分析可以看出这样一个趋势：新中国成立初期，行政国家的重心主要放在政务方面。如在 20 世纪 50 年代后期，政务类行政机关数量达到了顶峰。改革开放以来，行政国家的重心主要放在经济方面，在 1982 年的时候达到了顶峰。世纪之交，行政国家的重心逐渐向社会事务转移，其数量优势超过了经济管理类。由此可见，行政国家建设经历了一个从政治（主要是政治权力）、经济到社会的历史变迁。

基于上述分析，我们认为，中国的行政国家建设在本质上是一个政府寻求合法性的自我求证过程，即如何通过行政国家的建设得到人们的回应与支持。这个过程必须通过公共权力的运作，通过政府职能的产出是否满足人们的偏好进行验证。换言之，行政国家的合法性与其行政职能的重心紧密相连。

根据行政职能作用的领域来划分，可以分为三个部分：第一部分为公共领域，主要是指政府部门，公共领域涉及公共产品的提供，从根本上说是公共权力的占有与分配的问题。在当今民主国家，国家职能与行政职能之间是一个委托-代理的关系，行政职能是国家职能的集中反映。第二部分是私人领域，主要是指微观的市场交易主体。市场通过价格机制来调配私人物品的分配。第三部分是介于公共领域与私人领域之间的社会团体，它们一方面带有准公共性质，另一方面，在产品的供求上强调市场机制的效率。但不管是哪一个部门，都是在提供满足人们内生偏好的需要。满足人们需求的过程也就是行政国家合法性的自我求证过程。

在中国的行政国家建设中，公共行政的合法性的变迁经历了政治导向、导向市场与社会导向三个阶段性过程，我们分别将其称为政治社会、经济社会和公民社会①三个阶段。在这三个阶段中，政治导向的政治社会阶段与市场导向的经济社会阶段有着明显的时间界点，即以1978年为分水岭。但从市场导向的经济社会到社会导向的公民社会阶段的进程中，并没有一个明显的时间点，我们可以大致判断一个时段，即世纪之前后这段时间。换言之，从市场导向的经济社会阶段到社会导向的公民社会阶段是一个渐进过程，并且社会导向的公民社会正处于初始阶段。

（1）政治社会：政治导向的行政国家的建设。中国是一个有着几千年中央集权传统的国家。近代以来，中国社会的工业化转型决定了公共权力的变迁实质上遵循了韦伯式合法性的理论轨迹，即法理型权威、传统型权威、超凡魅力型权威。中华人民共和国成立以来，中国行政国家建设主要是通过国家职能的实施来巩固政权。从1949年至1956年，在行政国家的主导下，中国实现了社会主义社会的三大改造，从此在政治上奠定了行政国家的合法性基础。换言之，行政国家通过群众运动打击敌对势力与敌对分子，从意识形态方面巩固了政府的合法性。只是由于国家领导人过于强调政治导向的合法性基础，这一倾向一直延续到1978年。在这一阶段，社会的每一个角落都渗透着强烈的政治意识形态。在经济领域则集中表现为完全的计划经济体制。计划经济是一种指令性经济，社会产品的生产与分配完全由国家裁决。总而言之，政治导向行政国家建设在政治、经济、文化等领域均占据主导地位。政治挂帅成为这一时期的口号。

（2）经济社会：市场导向的行政国家建设。政治导向的行政国家建设在巩固政权合法性方面取得了显著的成就。但与此同时，计划经济不仅没有带来经济绩效的增长，反而严重地挫伤了人们的积极性。行政国家全方位的产品生产与供应不仅没有有效地满足人们的需求，反而浪费了巨大

---

① 马宝成. 有效性：现代政治合法性的政绩基础 [J]. 天津社会科学, 2002 (5): 52-56.

的社会资源，由此导致了严重的合法性危机。党的十一届三中全会以来，中国掀起了一轮市场导向的行政国家建设。改革开放以来，行政国家主导下的市场经济体制从无到有，形成了较为完善的社会主义市场经济体制，由此带来了中国经济绩效的极大增长。改革开放四十年，中国经济增长年均高达9.7%以上，创造了世界经济奇迹。经济绩效的增长，一方面有效地解决了中国一直以来的物质贫乏与需求增长的矛盾；另一方面，随着市场经济的深入，在国家意识形态合法性式微的情况下，行政国家的合法性危机得到了缓解。在现代社会的政治经济条件下，除了意识形态之外，构建合法性统治的途径主要有两条：第一条是通过良好的政绩来论证自身的合法性，即通过绩效来证明政府的合法性；第二条是通过加强民主与法制建设来建立统治者的民主法制合法性基础[①]。在民主政治尚不完善的中国，通过追求绩效即有效性来重塑行政国家的合法性不失为一个理性的选择。

(3) 公民社会：社会导向的行政国家建设。虽然经验证明在欠发达国家行政国家主导市场经济的发展普遍提高了经济发展速度，但单纯通过经济绩效获取合法性也面临着不可逾越的障碍。经济发展始终处于周期性波动之中，它的速度不可能永远令人们满意。因此，一个政权要获得稳定、持久的合法性支撑，单靠某一方面的条件是不够的。仅仅依赖政绩有效性，无法实现合法性基础的长期固定。经济绩效的增长是一回事，经济绩效的分配又是一回事。有统计表明，在中国，10%的人口占有40%的财富。贫富分化呈马太效应增长，日趋严重，社会公平受到严重侵害。清华大学国情研究中心胡鞍钢通过调查指出，中国出现了"一个中国四个世界"的局面，即北京、上海、深圳为"第一世界"，如上海浦东1999年人均GDP高达25472美元，高于高收入国家水平，相当于美国人均GDP的83.7%；"第二世界"为大中城市和沿海小城市及部分农村中上收入地区；"第三世界"为广大农村中下收入较不发达地区；"第四世界"

---

① 倪星. 政府合法性基础的现代转型与政绩追求[J]. 中山大学学报（社会科学版），2006，46 (4): 81–87.

为西部农村与少数民族地区。这种不平衡具体表现为个人收入差距过大，行业收入差距过大，城乡差距拉大，地区发展出现东、中、西阶梯式不平衡。贫富分化导致了社会阶层的重构。因缺失公平的群体性事件频频发生。由此可见，伴随着经济增长的同时，市场导向的行政国家也遭遇到严重的合法性危机。为此，中央政府将先前"效率优先，兼顾公平"的政策做了调适，强调更加注重公平问题。世纪之交，中央政府更是提出了以人为本，全面协调可持续的发展观等政策。科学发展观是关于发展问题的总的看法和根本观点，它科学地回答了什么是发展、为谁发展和如何发展的问题。科学发展观的提出，既立足于我国现阶段的基本国情，又借鉴国外发展经验，反映出政府对人类社会发展规律的认识的新的自觉。由此不难看出，这又是一次行政国家合法性的自我求证。

综上所述，中华人民共和国成立以来，中国行政国家的合法性建设经历了政治导向的政治社会、市场导向的经济社会与社会导向的公民社会的历史变迁。从上面的分析中我们也可以得出这样的结论：在行政国家的合法性求证过程中，每一次合法性的求证都深深地打上了行政国家强势干预的烙印，然而同样是因为行政国家的强势介入又导致了新的合法性危机。正如诺斯在其"政府悖论"中阐释的一样，国家的存在是经济增长的关键，然而国家又使经济衰退得更远。从一般角度来看，行政国家支配社会资源的时候，至少是付出了机会成本的，并且政府本身还存在一个自身效用最大化的问题。由此可见，行政国家一方面在主导着经济绩效的高速增长；另一方面，政府自身的惯性所带来的机构膨胀、人员臃肿、效率低下又在严重地侵蚀着其合法性基础。

第三节　中国行政国家的未来选项

在上述分析的基础上，我们必须回答这样一个问题：难道行政国家的建设注定只能处于合法性的重建与危机的钟摆之中吗？政治导向与市场导向的行政国家均遭遇了合法性的建构与危机。每一次行政国家合法性的建构与危机均源于行政国家对政治、经济的过度干预。比如在政治社会向经济社会转型的时候，行政国家的重心完全放在了效率的一端，忽视了对社会政策的介入，从而导致公平缺失与新的合法性危机。是否正在建设的社会导向的公民社会依旧无法避免合法性建构与危机的轮回？下一步该怎么办？

中国行政国家合法性的历史变迁以经验的方式告诉我们，公共行政的重心不能只顾一头。如上所述，社会被解构为公域、私域与第三部门，这三个部门分别对应着政治、市场与社会。行政国家在政治、经济与社会三个领域应当有进有出，根据不同的情势，赋予各自恰当的权重，从而在整个社会治理过程中依据不同的情势做出不同的治理安排。在政府或政治、市场与第三部门三者之间，任何一部分的权重配制都会形成不同的治理模式。政治导向的政治社会与市场导向的经济社会都过度地赋予了权重，导致在行政国家合法性建构过程中政治、经济与社会的发展失衡，从而一次一次地重蹈合法化危机的覆辙。在行政国家建设过去的历史中，政治与经济已经得到了长足的发展，但是社会或第三部门则在先天不足的基础上遭遇了后天发育的缺失。因此，行政国家建设下一步的行动是建构公民社会，实现社会结构的大转型，进而长久地夯实合法性基础。

合法性的核心内容是行政国家有效地理解和认知人们的偏好。前文我们已经谈到合法性主要是对一种需求价值的认同，因此，必须弄清楚人们需求什么。长期以来，行政国家主导了人们的需求。换言之，行政国家假定人的偏好是外生的。因此，人们的愿望、偏好或需求可以通过行政国家设计出来,将人们的愿望、偏好、需求输入决策系统中,然后生产出政策决定来满足这些愿望、偏好或需要。这样一来,行政国家既在制造偏好,又在制造政策,整个过程处于自说自话的状态中。当行政国家假定的偏好与人们内生偏好一致时,行政国家的合法性基础就得到了巩固,反之,则陷入合法性危机。

偏好是人们固有的内生变量,偏好决定了人们的行动。政策过程在一定程度上促成了偏好的形成,更重要的是,政策过程是对人们内生偏好做出反应的过程。只有充分地认知和理解了人们的真实偏好,行政国家才能提供按需所求的公共产品与公共服务,否则,行政国家的合法性就会发生危机。政治导向的政治社会与市场导向的经济社会已经证明了这一点。

然而,要准确地表达这一偏好并不是那么简单的事,这需要成熟的公民社会。只有成熟的公民社会才有与行政国家对话的力量。因此,行政国家的合法性建设重心需要转移到公民社会的培育上来。关于公民社会的构建,学者们已做了很多有益的设想,本书不再赘述。需要指出的是,中国不曾有着西方国家民主政治的传统,公民社会的形成尚需时日,行政国家在公民社会的建构中在相当长时间内仍处于主导地位,其职能主要是提供对话平台与参与机制,当公民话语权达到可以与政府、市场进行平等对话之后,行政国家则应考虑逐渐退出公民社会,从而形成政府、市场、社会既相互制约,又相互促进的良性局面。

新中国成立以来,在中国共产党的领导下,中国公共行政立足中国场景,直面社会主要矛盾,有效地回应了社会公众的期待。当前,中国特色社会主义进入新时代,社会主要矛盾已经转化为人民日益增长的美好生活需要和不平衡不充分的发展之间的矛盾。经过改革开放四十多年的不懈奋斗,中国已经解决了十几亿人的温饱问题,总体上进入了小康社会。与此同时,人民美好生活需要日益广泛,不仅对物质文化生活提出了更高的要求,而且在民主、法治、公平、正义、安全、环境等方面的要求日益增长。发展不平衡不充分已经成为满足人民日益增长的美好生活需要的主要制约因素。这些问题包括发展质量和效益还不高,创新能力不够强,实体经济水平有待提高,生态环境保护任重道远;民生领域还有不少短板,脱贫攻坚任务艰巨，城乡区域发展和收入分配差距依然较大，群众在就业、教育、医疗、居住、养老等方面面临不少难题；社会文明水平尚需提高；社会矛盾和问题交织叠加，全面依法治国任务依然繁重，国家治理体系和治理能力有待加强等[①]。因此，妥善解决发展不平衡不充分的问题，全方位回应社会公众的期待，对于重建中国的行政国家与合法性建设具有重大的理论和现实意义。

[①] 习近平. 决胜全面建成小康社会夺取新时代中国特色社会主义伟大胜利——在中国共产党第十九次全国代表大会上的报告 https://www.xuexi.cn/5da49cd45ad13fb1276b44d7ba8e5cbe/e43e220633a65f9b6d8b53712cba9caa.html.

第六章 官僚制、公共权力与合法性

官僚制是公共行政运行的载体和基础。中国是一个政府主导的国家。官僚制在经济社会发展中扮演着不可替代的作用。从官僚制的悖论,即官僚制的效率机制与负功能之间的紧张关系加剧了其合法性危机,而这对于官僚制效率的发挥及其可持续发展至关重要。本章对中国官僚制及其公共权力的合法性做了一个纵向演变的梳理,并在此基础上讨论了重塑官僚制及其公共权力合法性基础的可能选择。

第一节 官僚制悖论

随着改革开放与市场经济的深入,以及经济全球化的日益加剧,中国在取得巨大经济成就的同时,也带来了诸多问题,一个突出的表现就是政府合法性危机,从根本上说是公共权力价值的异化。作为公共权力运作产出的载体,官僚制成为人们对政府行政行为的反思与批判对象。在过去的半个多世纪里,马克斯·韦伯的官僚概念中的一些要素一再引起学术上的争论和批评。[1] 政府体制僵化、行政效率低下、官僚主义、非人性化等成为人们对官僚制批判的代名词,人们甚至提出了摒弃官僚制(奥斯本、盖布勒)、突破官僚制(巴泽雷)的观点,并试图构建新的公共行政范式,如新

---

[1] 理查德·J. 斯蒂尔曼二世. 公共行政学:概念与案例 [M]. 北京:中国人民大学出版社,2004.

公共管理（休斯）、新公共服务（登哈特）等，以取代官僚制范式。

在中国，基于传统的历史惯性与现实困境，官僚制也成为学者们讨论的焦点。就其批判的结果来看，大致有两种倾向：一是主张向西方学习最新理论成果，向后官僚制过渡，借鉴西方管理主义思想，建构企业家政府、服务型政府；二是主张重构官僚制，实现官僚制的回归。这两种批判的分歧从表面上看是对于官僚制范式的摒弃与维持。从本质上看，前一种倾向认为官僚制具有政治价值内涵，而现今时代的官僚制范式与转型期政治价值内涵不相符，因而需要实现公共行政价值导向的转换；而后一种倾向则认为官僚制仅仅是实现政治价值的工具，它倡导技术理性，因而在社会转型过程中，需要做的工作是对官僚制进行技术调试或改革。

主张官僚制具有政治价值的学者认为，建立在威尔逊-韦伯范式基础上传统公共行政的典范已经过时，换言之，公共行政学已经发生了范式转换。以休斯为代表的新公共管理学派主张将基于经济、效率、效果等价值的公共管理范式取代传统的公共行政范式。显然，这一批判与反思是建立在官僚制具有政治价值基础上的。我国部分学者也认同这一观点，并在实践中开始推行绩效考核，以企业家政府的标准来检视政府行政行为的效价。与此相反，有些学者则认为，我国社会总体上处于转型期，这表现为从传统的农业社会向工业社会转型，部分发达地区从工业社会向后工业社会转型，计划经济向市场经济转型。换言之，我国社会正在经历从传统向现代转型。官僚制作为一种实现社会公共利益的工具是适合我国当前的行政生态的，并且在很大程度上，我国存在的问题不是官僚制已经过时，而是官僚制不足。因此，需要通过对官僚制做本土化的改进，使这种适应工业社会的组织更好地促进我国经济社会的发展。因此，摒弃官僚制还是回归官僚制的争论就集中表现为官僚制是作为价值理性的官僚制还是作为工具理性的官僚制。价值理性是对有用性的需求，在于确认某种目的是否值得为之争取。工具理性是实现需求的手段。西蒙把技术理性比喻成一支供租用的手枪，它能服务于我们的任何目标。在西蒙看来，价值理性决定工具理性的选择，工具理性则是完成价值理性的途径。就公共行政而言，价值理性应当是基于公共利益诉求的回应，"它反映了人们关于公共行政的希望和立项、信仰与依托"。① 工具理性则是实现公共利益诉求的手段和方式。价值理性与工具理性的最佳结合是公共行政最高的善。由此可知，官僚制是实现公共利益诉求的工具，而非某种政治或社会价值。人们对于官僚制的需求在于通过官僚制技术满足社会公众的公共需求。

因此，人们的一个认识误区在于对工具理性的批判替代了对价值理性的批判。众所周知，官僚制是与工业社会相适应的组织结构，是标准化生产的伴生物。尽管绝对理性的状态不存在，但官僚制在工业化进程中的贡献是有目共睹的。随着西方国家经济社会总体向后工业社会迈进，作为工具理性的官僚制逐渐失去了外生环境的支持。但就我国而言，总体上处于工业社会的行政生态决定了官僚制存在的合理性。人们对官僚制的批判是对作为工具的官僚制的批判，这显然没有切中要害。因此，作为工具的官僚制没有实现人们预期的需求，应当反思价值理性与工具理性二者之间是否吻合。从我国工业社会行政生态来看，官僚制的存在是合理的。因此，需要反思的就只剩下价值理性了。就公共行政而言，价值理性就在于公共权力的产出应当合乎公共利益，应当为公共权力的所有者提供高效优质的公共产品与公共服务。如果公共权力的产出没有实现这些价值，那么公共权力的合法性危机就产生了。当前我国公共权力价值异化集中表现为权力部门化、部门利益化、利益集团化。公共权力的合法性危机直接导致了社会公众对政府的信任危机。

综上所述，对于官僚制的批判不是作为工具的官僚制组织出了问题，而是使官僚制有效运作的价值基础出现了偏差。这就需要检视作为价值理性的公共权力的合法性。根据俞可平的观点，合法性的指标或关注的重点包括：政府行为的公正与正当程度、公民对政府和政党的认同、价值分配的公平程度、政党是否在法律范围内活动、违法官员的比例。当前官员腐败、政绩工程、寻租行为等现象的出现，不仅加剧了社会各阶层之间的矛盾，并且直接危及了政府的合法性基础。正是在此基础上，反思和重塑政

---

① 王乐夫，张富. 试论公共行政价值异化[J]. 中山大学学报（社会科学版），2004，44（4）：14-18.

府合法性基础成为当前公共行政学界的焦点命题。反思与重塑官僚制的前提是要弄清楚什么是公共权力的合法性？公共权力合法性的本质与表现形式是什么？我国经历了怎样的公共权力合法性变迁？

第二节 官僚制合法性的理论基础

重申官僚制的工具理性，必然要检视其存在的合法性基础，其核心是公共权力的合法性问题。说到合法性，一般是指政府的合法性。不同时期对于合法性的界定，不同学者有着不同的认识和看法。合法性的英文单词是 legitimacy，意思是指合乎法理的或法治的。从近代西方民主政治角度来看，卢梭不仅最先提出了合法性的概念，并且从公意的角度论证了合法性的基础。在卢梭看来，人是生而自由平等的。"既然任何人对于自己的同类没有任何天然的权威，既然强力并不能产生任何权力，于是剩下约定才可以成为人间一切合法权威的基础。"[①] 因此，国家只能是自由的人民自由协议的产物。也就是说，国家与由之产生的政府是人们之间相互缔结契约的产物。在此基础上，卢梭进一步提出了人民主权的观点。从社会契约的角度来看，国家或政府的权力存在的唯一合法性依据是只能源于人民的授予和认同。政府存在的目的是实现公意、公共幸福和公共利益。因此，公共权力的所有权属于人民，基于公意、公共幸福与公共利益的实现超出单个个体能力范围的考虑，人民将部分公共权力的使用权委托给政府，由政府通过代理的形式行使公共权力，最终增进公共利益。如果政府行为一旦违背人民的授权和公意，将面临失去合法性的危险。社会契约论的基本思想构成了近现代西方国家合法性的来源。

随后德国著名社会学家马克斯·韦伯也提出了合法性的理论。在他看来，人们之所以服从命令，并按命令之规定行事，其原因在于组织中存在

---

① 卢梭. 社会契约论 [M]. 何兆武，译. 北京：商务印书馆，1996.

权威。韦伯认为，每一个权威系统都必须建立和取得一种对其合法性的信任。他具体提出了合法性权威的三种"纯粹的类型"：一是法理型权威，它建立在对特定的法理形式和规范的认同的基础之上，并承认处于法定权威的人的统治权力；二是传统型权威，这种权威给予对持续型传统的重要意义的信仰，基于对按此传统进行统治的人的信任；三是超凡魅力型权威，它源于对特定个人的情感依附和精神奉献。[①] 这一解释从历史纵向的角度解释了社会发展不同阶段的各种合法性来源问题，也奠定了现代政府的合法性理论基础。韦伯的政治合法性理论得到了许多政治学家和社会学家的认同，遂成为合法性研究的基础范式。在此基础上，哈贝马斯、阿尔蒙德、利普塞特、夸克、亨廷顿等学者进一步发展了合法性理论，为当代西方国家政府重建公共权力的合法性提供了理论支持。但就工业社会而言，韦伯关于公共权力合法性更具解释力。

由此可见，政府的合法性问题关系到一个国家政权的存续，合法性的本质在于政府与社会公众之间的平等交易，是建立在平等交易基础上的认同与被认同的关系。这种交易表现为公共权力使用权的出让与因使用权的出让而获得的公共利益回报。因此，公共权力的供给与需求之间应维持平衡。如果供给权力的供给大于公共权力的需求，就会导致公共权力的代理人权力大于责任，出现有权无责的现象。如果公共权力的供给小于公共权力的需求，则难以有效地实现公共利益。寻求公共权力的供求平衡关系是公共权力合法化的基础，并在此基础上寻求成本、收益的最大化。从人民主权的原则来看，公共权力合法性主要在于"评判、调整和规范公共权力的活动和实现，它所关注的中心问题是公共权力应如何行使、如何防止公共权力的滥用和公共权力应采取的适当形式"。[②] 人民的公意是政府的合法性存在的理由，人民的公意经过程序化表现为公共权力，而公共权力是一切政府组织运作的核心要素。由于政府大多按照官僚制结构建构，因此，

---

① 罗伯特·B. 登哈特. 公共组织理论 [M]. 竺乾威, 译. 北京：中国人民大学出版社, 2005.
② 林奇富, 周光辉. 批判与重构：公共权力的合法性与合理性——约翰·密尔功利主义政治哲学探微 [J]. 吉林大学社会科学学报, 2001 (5): 11–17.

公共权力的合法性也就决定了官僚制组织的合法性，并最终通过社会公众对于官僚制组织基于公共权力运作产出的认可程度。近代社会以来，我国一项基本的任务就是实现中国的工业化、现代化。在这样的历史进程中，公共权力经历了一个怎样的变迁？厘清其历史脉络是反思公共行政价值与重申官僚制的前提。

第三节　公共行政合法性基础的演变

按照一般的说法，近代中国的历史时期是从1840年鸦片战争到1949年中华人民共和国的成立。而现当代中国史则从1949年至今。整个近现代中国史就是一部中国人的工业化史和现代化史，并逐渐融入世界潮流的历史。因此，近现代中国历史发展的本质就是社会的不断转型，不断从农业社会向工业社会转型，从工业社会向后工业社会转型。政府公共权力的合法性基础也从传统逐渐走向现代。在不同的阶段，公共权力的合法性有着不同的基础。

在中国，最早提出资产阶级宪政主义的是清末资产阶级维新派。从那个时候开始，中国公共权力合法性基础开始了从传统向现代的变迁。由于中国近现代史的农业社会向工业社会转型的本质特征，我国公共行政权力合法性发展路径并没有走出一条独具中国特色的道路。倒是有迹象表明，公共行政权力合法性变迁正日益与韦伯权威结构理论相吻合。从上面的分析中我们可以看出，韦伯关于三种公共权力合法性的来源基本解释了不同历史时期不同社会类型的合法性基础。那么，近现代中国公共权力的韦伯式合法性是一个怎样的路径呢？下面，我们将近现代中国公共权力合法性基础的历史轨迹分为四个阶段，并在此分期的基础上进行韦伯式合法性的分析。

(1) 从鸦片战争至1949年中华人民共和国成立。我们可以把这一时期的公共权力合法性基础视为传统型权威。在这个时期内，封建王朝风雨飘摇，西方列强入侵，国家分裂，军阀混战。西方近代民主思想虽传至中国，但大多数中国民众对现代公共权力合法性的感知无从谈起。这似乎又是一个战国时代，占人口绝大多数的草根民众对突如其来的君主立宪、民主共和、无政府主义、共产主义等各种思想无所适从，在短时间内也不可能完成对某一思想的认同转变。民国时期，国民政府推行的西方民主政治体制不仅没有得到有效的实施，相反，其独裁统治加剧了公共权力的合法性危机。相比之下，由于历史的惯性，倒是对几千年封建传统及其存续下来的伦理、礼教，尤其是孔孟之道较为尊崇。尽管共产主义思潮在中国一定范围内有着较大的影响，但相对于民众来说，总体政治意识还处于感性认知阶段，民众对于共产党领导的政权合法性大多停留在封建社会个人英雄或救世主的层面上，而不是建立在现代民主政治理论的基础上。换言之，这是一种自上而下的认同而不是自下而上的认同。因此，传统的权力在民众看来，更具合法性。

（2）中华人民共和国成立后至1978年。我们可以将这一时期我国公共权力合法性基础视为超凡魅力型。在现代民主政治看来，国家是社会契约的产物。因此，国家与由之产生的政府之产权属于公民。这是公共行政权力合法性的理论基础。在马克思主义看来，人民民主是社会主义国家的根本属性。在某种程度上，西方现代民主思想与马克思主义关于人民民主的理论在本质上是一致的，均强调公民主权。《中华人民共和国宪法》第一章第二条规定，中华人民共和国的一切权力属于人民。这是对我国公共权力合法性的根本表述。因此，不论行政权力如何改革，其权力作用的结果都应为社会公众带来福祉。但这种合法性理念很快随着毛泽东个人权威的进一步确立而失去了实践的基础。毛泽东超凡魅力的合法性基础的确立有着深刻的历史根源与情感因素。从理性的角度看，我国长期处于封建社会，以皇权为中心的宗法制及历史文化的惯性不仅深深地影响了毛泽东本人，也束缚了刚刚解放的人们在短时期内对现代民主政治合法性理念的理解能力。从情感的角度看，解放了的人民对这一权威的认同热诚真挚、不容怀疑。在20世纪六七十年代，由于政治动员的推动，把领导人的个体权威认知推到了个人崇拜的极点。但是这种绝对权威很快带来了巨大的社会危机。

在整个国家的极度混乱中，人们开始了对建立在个人崇拜基础上的公共权力或权威合法性的反思。

（3）1978年至1992年。之所以选择1992年，是因为这一年党的十四大确立了邓小平理论在全党的指导地位，市场经济体制作为一项重大改革被提了出来，提出建立市场经济体制便是国家对法治的重视。市场经济在本质上是规则经济、法治经济。在这一时期内，公共行政权力的合法性基础在实践上表现为传统法理型，具有过渡性。公共权力的合法性开始从人治向法治过渡。当全国人民还沉浸在失去伟大领袖的巨大悲痛的时候，邓小平以他的大手笔开始了前所未有的改革开放。为了防止新一轮的个人崇拜，党和政府开始进一步调整权力格局。1982年9月党的十二大党章规定，"党的各级领导干部，无论是由民主选举产生的，或是由领导机关任命的，他们的职务都不是终身的，都可以变动或解除"。1982年《宪法》规定，各种国家最高职务的每届任期为5年，连续任职不得超过两届，基本完成了干部制度改革的基本方向。废除干部终身制就是走向法治的信号。

（4）1992年至今。这一时期真正意义上的法治时代开始了，尽管人治因素还有着较大的影响。公共行政权力合法性基础自然也就是法理型了。在这一时期，国家出台了大量法律，整个国家的法制体系已经建立，从静态的角度看，制度已基本覆盖整个社会，并随着社会的发展不断完善。随着经济全球化的日益加剧以及我国加入WTO组织，人们的法律意识日益增强，法治已经成为社会治理的基础。一切行为和程序都必须在法律许可的范围内行事。法治在本质上尊重、保障和实现公民权利。公共权力的供给与需求的合法性应当通过法理这种约定来实现。这一时期延续多久，目前尚不得而知，但显然不是短时间能解决的问题。

从上面的历史检视中我们发现，中国公共权力合法性走了很多弯路。但与此同时，人们也在不断反思公共权力合法性的出路。从1978年改革开放以来，我国在公共权力合法性方面的建设取得了很大的进步。几乎是每召开一次全国人民代表大会，公共权力的合法性就得到了进一步的发展。由此我们可以得出这样的结论，近现代中国从农业社会向工业社会的转型，公共权力的合法性也遵循了韦伯式路径，并且这种路径将随着我国工业社会的持续推进而延续。

第四节 公共权力合法性变迁的方向

从上面的分析可以看出,近现代中国转型社会的特质决定了公共权力韦伯式的合法性历史路径。尽管韦伯式合理合法式的合法性基础正在建立和加强,但这并不意味着公共权力的合法性建设至此就画上了句号。韦伯的梦想是要在实现法治基础上,通过直接民主选举产生超凡魅力型的领导。换言之,公共权力的合法性应当建立在契约理念之上,并以制度、法理的形式加以确定,同时,更应在制度的平台上寻求更加完美的目标,未来公共权力的合法性趋势应当是完备制度基础上的超凡魅力权威的出现,既能规避超凡魅力权威窥视公共权力的机会,又能使之为公共利益的实现充分发挥其聪明才智。尽管在韦伯看来,这是一种梦想,但随着社会的发展,我们完全可以向这个理想不断地靠近,但有以下两个前提:

(1) 重申制度理性。制度是一种行为规则,是一系列用来建立生产、交换和分配基础的基本的政治、社会和法律基础规则。在现今社会,制度已成为重要的生产力已是不争的事实。改革开放四十年的成就足以证明制度经济学在中国取得的显著经济绩效。在诺斯看来,制度是为约束在谋求财富或个人效用最大化的个人行为而制定的一组规章、依循程序和伦理道德行为准则。它提供为人类在其中相互影响的框架,使协作与竞争的关系得以确定,从而构成一个社会特别是构成了一种经济秩序。[①] 它要求人们的经济行为符合建立在契约基础之上,并寻求经济绩效的最大化。因此,制度成为经济社会运行的平台,经济绩效取得什么成就取决于制度平台是否完善。而制度的建构是政府最为基本的职能之一。亚当·斯密在政府责任

---

① 道格拉斯·C.诺思.经济史中的结构与变迁[M].上海:上海三联书店,1991.

中认为，政府的职责包括三个方面：首先是保护社会免受其他独立社会的暴力与侵犯的职能；其次是尽可能地保护每一个社会成员免受社会中其他成员的不公平对待和压迫的职责，或建立一套严密的司法制度；最后是建立并维护某种公共事务和公共机构的职责。① 斯蒂格利茨则直接从政府与市场的关系阐述了制度的重要性，在他看来，政府的特殊责任是建立市场有效运作所需的制度设施，这种制度设施至少应包括有效的法律和执行这些法律的机构。② 因此，必须将以经济建设为中心转移到以制度建设为中心上来。在完善民主制度与市场经济制度的基础上，实现保障人们生存与发展的目标。政府建构制度的目的是公共权力运作的基础，既要充分实现公共权力配置资源的功能，又要防止公共权力异化的可能。需要说明的是，在建构制度之前，应当明确这么一个信念：制度虽然是理性的，但制度是为人们服务的，人们是制度的主人而不是仆人。

（2）公共权力供求平衡关系的有效界定。长期以来，行政体制改革大多在讨论公共权力在政府部门内部的分配与重组，而对于公共权力的供求关系没有进行系统的分析。从上述现代民主政治关于公共权力的分析可以看出，公共权力的供应方是社会公众，公共权力的需求方从根本上也是社会公众，因为他们需要通过公共权力支配公共资源，实现超出社会公众个体能力范围内的公共产品与公共服务。但在形式上又表现为公共组织对公共权力的需求，因为政府必须通过公共权力使用权的获取才能支配公共资源。由于严密的政府组织较之于松散的社会公众处于强势，因此，公共组织往往过多地获取了公共权力。从形式上表现出来的供求关系的不平衡是导致公共权力价值异化的根源，这就为政府腐败行为提供了机会，并最终导致公共权力的合法化危机。如果公共权力供求平衡关系能够得到有效的界定，政府在限定的范围内或公众许可的范围内行事，则可以减少公共权力价值异化的机会。

---

① 欧文·E. 休斯. 公共管理导论 [M]. 第三版. 张成福，等译. 北京：中国人民大学出版社，2007.

② Stiglitz. Joseph E. An Agenda for Development for the Twenty-First Century. in Anthony Giddens (ed) The Global Third Way Debate (Cambridge: Polity Press), 2001.

上述两个前提的目的就是保障公共权力的价值理性。在此基础上，重申官僚制这一工具理性则可以更好地实现公共行政最高的善。在中国，作为工具理性官僚制不仅没有过时，而且还存在着严重不足的问题。对于公共权力合法性价值危机的批判不能替代作为工具理性的官僚制的批判。价值理性的合法性危机必然导致工具理性选择的盲目。在这里需要指出的是，公共权力合法性建构应当更多地采取自下而上而不是自上而下的方式。这需要公民意识提升与公民社会的成熟。

综上所述，近现代中国社会一百多年来的工业化转型决定了作为工具理性的官僚制存续的理由，公共权力合法性变迁的实践仍将继续韦伯式的路径，在制度完备和公共权力供求平衡的基础上，实现通过直接民主选举产生克里斯马型的领导，最终确立起公共权力的合法性，实现公共权力的价值理性，并最终实现善治。

第七章 公共行政的治理结构

尽管党政体制在中国经济社会发展中起着基础性的作用，但从公共行政的治理结构来看，企业和社会的功能也越来越明显。人们对于中国模式的解释在很大程度上归结于政府主导。事实上，政府主导主要表现为政府逐渐退出微观经济领域，通过对权力资源的让渡和激励机制的设计使得党政体制更具有弹性和韧性，从而适应了外部经济社会环境的需求。在这一章里，我们主要讨论了组织的离散结构是如何在中国的党政体制中进行激励设计并促进中国经济社会发展的。

第一节 问题的提出

关于中国经济增长的研究是当前学界关注的焦点。发展型政府被视为一个有益的解释。作为公共组织的政府在经济增长中的作用是不言而喻的。毫无疑问，"正式组织（即政党、政府机构、企事业组织等）在中国社会中发挥着核心的作用。1949年以来的当代中国一直是一个组织的社会，即中国的政治、经济和社会生活的方方面面都编织在各种正式组织（特别是国家统辖的正式组织制度）之中……这些正式组织同时又为法律、市场以及其他治理机制提供了组织基础。"[①] 由此可见，研究中国政府组织及其运行

---

① 周雪光，赵伟. 英文文献中的中国组织现象研究[J]. 社会学研究，2009 (6)：145-186.

方式的更替对于理解中国经济社会的变迁有着重大的意义。倪志伟从市场竞争经济学的角度，认为中国市场转型中混合型产权组织对于经济发展具有重要的作用；魏昂德从激励机制经济学的角度，基于"厂商即政府"的观点，认为地方政府在经济转型和推动地方企业发展上的积极作用；林南则从网络社会学的角度提出了"地方社会主义模式"，强调了稳定的社会网络机制的组织作用。这些研究无疑是非常有益的，然而，从组织学角度的研究还不多见。

中国经济增长之谜引发了对是否存在中国模式的讨论，由此形成了两种截然不同的观点。郑永年[1]、潘维[2]等认为中国高度集中的政治体制、经济增长与独特的儒家文化传统构成了中国模式的重要特征，而黄亚生则认为并不存在中国模式，所谓的中国模式都可以在世界其他国家的身上找到影子。[3] 也有学者认为中国模式提法尚早，中国经验或许更加务实。[4] 到底存在不存在中国模式不是本书关注的重点，但由此可以引出对中国过去70年来的治理方式的关注，即中共执政以来的治理方式是如何演变的？为什么会发生这样的转变？由于中国的制度环境与西方民主国家有着本质的区别，特别是在公民社会、国家制度等方面。因此，为了区别于西方流行的治理理论，本章所指的治理是统治与管理的简称，从而使之更具中国语境。为此，本书试图从治理方式的角度来解释中国治理过程的变迁。

为了建立一个可行的分析框架，有必要对威廉姆森离散结构模型及其推进做一个简要的阐述。在阐述之前，需要对运用此模型是否适合非西方资本主义的情形做一个说明。这也是威廉姆森在其《比较经济组织：对离散组织结构选择的分析》中所关注的问题。在对离散组织结构进行深入分析之后，威廉姆森的回答是该模型同样适用于中国和东欧的改革。因此，从这个意义上讲，将此模型应用于分析中国治理是可行的。

---

[1] 郑永年. 国际发展格局中的中国模式 [J]. 决策与信息, 2010 (2): 20-28.
[2] 潘维, 玛雅. 共和国一甲子探讨中国模式 [J]. 开放时代, 2009 (5): 128-141.
[3] 黄亚生. "中国模式"到底有多独特？[M]. 中信出版社, 2011.
[4] 姚洋. 中国模式及其前景 [J]. 中国市场, 2010 (24): 8-11.

在新制度经济学看来，新古典主义以信息充分、完全理性为基本前提，把市场价格交换视为自动达成资源配置的帕累托机制，完全排除了社会关系的生产函数。尽管钱德勒关注到了企业或组织在实现规模效益和范围经济的重要功能，意识到了组织或管理对经济绩效的作用，但仍未回应组织何以存在这一问题。为此，科斯基于为什么会产生企业（组织）这一问题的探索提出了交易费用概念。①

交易费用理论沿袭新古典主义的效率思路，以交易为基本分析对象，挑战并修正了新古典主义零交易费用假设，进而对组织的产生及其边界做出了独特的解释。在威廉姆森看来，交易费用类似物理力学中的摩擦，即交易费用不为零。节约交易费用是资本主义经济制度的目的与作用。利用价格机制进行交换是有成本的，并且由于有限理性、不确定性、小数现象与机会主义行为的存在，市场可能失败。如何寻找市场机制的替代物？交易费用对此做出的解释是："制造还是购买（Do or Buy）"取决于市场还是市场替代物（企业/纵向一体化/层级制）情形下谁的交易费用最低。② 如果层级制比市场更能节约交易费用，则采取层级制，反之则采取市场交换。③ 在科斯看来，层级制通常更有效率。垂直一体化的组织在很多条件下比市场更具有效率地解决某些问题。④ 由此组织得以产生。

交易费用理论不仅解释了组织的产生，同时也划分了组织的边界。追逐交易费用最小化决定了理性主体对市场或组织的选择。当通过组织实现某种交易成本过高时，人们就会离开组织，选择以市场来达成交易目的，反之则采用组织行为。市场与层级制之间的转化的临界点就是二者所需的交易费用相同。由此，组织的边界可以得到确定。

---

① Coase R H. The Nature of the Firm: Influence [J]. Journal of Law Economics & Organization, 1988, 4 (1): 33-47.

② 斯科特. 组织理论：理性、自然和开放系统 [M]. 黄洋, 译. 华夏出版社, 2002.

③ Williamson O E. Comparative Economic Organization: The Analysis of Discrete Structural Alternatives [J]. Administrative Science Quarterly, 1991, 36 (2): 269-296.

④ Williamson O E. Transaction Cost Economics [M]. Transaction cost economics. Edward Elgar, 2015.

针对交易费用经济学只分析了层级制与市场这两种极端的治理结构，忽视了中间形式或者说是混合形式的批评，威廉姆森以交易费用为基础，把制度环境与治理机制结合在一起，提出了形成正式条款的市场、弹性条款的混合结构与授权的层级制的治理结构连续体。① 其中，契约法、适应性、激励、控制机制在不同的治理结构中发挥的作用不同，由此决定了不同治理结构的效率与产出。由此，威廉姆森拓展了市场与层级两种极端治理情形，进而形成了一个基于适应性和协调性治理结构的连续体。

从工具性角度来看，在不同的治理结构下，有着不同的控制强度和激励强度。与市场相比，层级制中的内部激励或是缓和或是低能的，人们付出努力的程度与得到的补偿之间联系很少或者没有直接的联系，但其优势是能够带来更好的内部控制从而阻止有害的副作用。② 因此，层级制是典型的高控制、低激励。相反，市场是典型的高激励、低控制。与市场相比，混合牺牲了激励而支持部门间的高度协作；与层级制相比，混合牺牲了协作但支持了更大的激励程度。③ 因此，混合制在控制和激励中均较为适中。当然，这三个连续结构有着不同的适应性和契约法基础。为了便于分析，仅列出了工具层面的激励与控制维度，而略去了适应性、契约法等维度。如表 7-1 所示。

表 7-1　威廉姆森离散结构模型

		市场	混合	层级
工具	激励强度	强	中	弱
	控制强度	弱	中	强

---

① Williamson O E. Comparative Economic Organization: The Analysis of Discrete Structural Alternatives [J]. Administrative Science Quarterly, 1991, 36 (2): 269-296.
② Williamson O E. Transaction Cost Economics [M]. Transaction cost economics. Edward Elgar, 2015.
③ Williamson O E. Comparative Economic Organization: The Analysis of Discrete Structural Alternatives [J]. Administrative Science Quarterly, 1991, 36 (2): 269-296.

威廉姆森治理结构模型极大地拓展了交易费用经济学的范畴，从而使得其研究的焦点从微观层次走向中观层次，同时也能够广泛运用到其他领域。尽管这一模型融合了制度环境与治理机制，将制度环境视为一系列参数，通过参数的变化引起比较治理的成本的变通，进而以区别性组合的方式形成了适应性的治理结构，但此模型没有进一步说明不同的治理结构与不同类型的外部环境之间的关系，也就是说它没有对制度环境进行操作化。尽管威廉姆森指出该模型适用于中国的改革，但却没有发展出新的成果。换句话说，它仅为研究中国与东欧改革指明了组织研究的方向。

因此，把制度环境进行操作化并将其与特定的研究对象结合起来进行分析就显得尤为必要。至少这样的研究可以对威廉姆森的观点提供经验检验。从组织学的角度看，任何组织都不能孤立地看待，都必须放入其所处的特定环境中进行考察。[①] 根据劳伦斯与洛施的观点，理性视角的与自然视角的差别源于它们分别关注的是组织形态连续体的两个相反的端点，绝对封闭的理性组织与完全开放的自然系统。[②] 因此，将其直接用于解释中国治理变迁是不够的，需要对其进行修正。任何治理结构都是处于给定的外部环境中的。从组织学的角度看，上述不同的治理结构必然在不同程度上与外部环境发生关系。为此，把不同的治理结构所面临的不同类型的外部环境联系起来，可以形成一个修正的威廉姆森治理结构模型，其中引入的变量即外部环境。

就威廉姆森治理结构模型而言，治理结构是处于封闭的还是开放的制度情形下？层级制处于封闭的制度环境中，市场则是处于一种开放的制度情形下，而混合制则介于封闭与开放的制度环境之间。在这里可以看出，对制度环境的操作重要的是从组织学的角度将其分为封闭与开放两个维度进行的。由此可以建构一个修正的威廉姆森治理模型，如表7-2所示。

---

① 斯科特. 组织理论：理性、自然和开放系统 [M]. 黄洋, 译. 华夏出版社, 2002.
② 斯科特. 组织理论：理性、自然和开放系统 [M]. 黄洋, 译. 华夏出版社, 2002.

表 7-2　修正的威廉姆森模型

		市场	混合	层级
工具	激励强度	强	中	弱
	控制强度	弱	中	强
外部关系	封闭程度	弱	中	弱
	开放程度	强	中	强

考虑到实践情况，封闭的、强控制、弱激励的市场与开放强激励、弱控制的层级制仅仅是理论意义上的存在。因此，表7-2可以简化为表7-3。

表 7-3　修正的威廉姆森模型

市场	混合	层级
强激励	激励中	弱激励
弱控制	控制中	强控制
开放	半封闭半开放	封闭

在这一模型中，形成了几个典型的治理结构：封闭的、强控制、弱激励的层级治理结构，开放的、强激励、弱控制的市场治理结构。由此可见，在修正的威廉姆森的离散结构类型中，层级一端代表封闭与控制，市场一端代表开放与激励，而处于中间的混合制则代表半封闭半开放的激励与控制均适中的情况。

第二节　公共行政治理结构的演变

马骏（2008）运用波兰尼的"双向运动"理论以及国家与市场相互建构的逻辑，认为中国国家建设是在单向的市场化运动推动下进行的，进而推进了中国治理的宏观转型。① 但这一解释未能触及中观层面。显而易见的，国家治理转型必然以组织，尤其是公共组织为载体。因此，在这宏观变迁的背后必然隐藏着组织行动。在过去的六十多年里，一般认为中国经历了从计划经济到市场经济的转型。但是如果仔细观察，不难发现人民公社、单位制、双轨制、项目制等组织形式或组织行为在国家治理中占有重要地位。为此，本节试图以上述修正的威廉姆森模型从中观上进行解释。

中国的经济增长令世人侧目，这是在一个完全不同于西方体系的世界奇迹。在诺斯看来，竞争增长必然依赖完善的民主制度、健全的金融体系、独立的司法体系以及严格的产权保护。至少，人们是可以"用脚"来投票的，以此来保证激励功能的发挥。但这些西方话语在中国基本找不到。为此，需要寻找中国经济增长的激励结构，要把激励搞对。② 因此，理解中国治理就需要从激励出发。但在70年的历程中，中国的治理并非一开始就把激励搞对了，而是一个从控制开始，逐渐找对激励的过程。在这一过程中，体现为从封闭的层级控制到开放的市场激励变迁，其间夹杂着半封闭、半开放的控制与激励并存的混合结构，如双轨制与项目制。从这里可以看出，外部环境是其治理结构变迁的重要变量。在威廉姆森的离散结构中，组织治理结构的选择是为了适应外部制度环境。但从中国的情况来看，这一逻辑则要反过来，即外部制度环境的变化迫使治理结构及其方式的改变。

一、封闭的层级控制：人民公社与单位制

中国共产党执政后面临的制度环境是一个封闭的环境。除了与少数国家建交外，中国几乎处于与世隔绝的状态，并且受制于意识形态的影响，还面临着各种制裁与安全问题。如何在这一封闭的制度环境中生存与发展成为国家面临的首要任务。简言之，即在相对孤立的外部环境约束下，巩

---

① 马骏. 经济、社会变迁与国家重建：改革以来的中国[J]. 公共行政评论，2010，3（1）：3-34.
② 周黎安. 中国地方官员的晋升锦标赛模式研究[J]. 经济研究，2007（7）：36-50.

固新生政权。

后来逐渐建立了从中央到地方的全国性的科层结构，中国模仿苏联模式建立了高度集中的计划经济模式。在此模式下，中国建立起了封闭的自上而下的层级控制结构，并着手把公共权力延伸至基层社会。出于巩固政权的需要，"我们应当进一步组织起来。我们应当将全中国绝大多数人组织在政治、军事、经济、文化及其他各种组织里，克服旧中国散漫无组织的状态。"① 建政初期的农村人民公社与城市的单位制是在封闭的制度环境中的具有控制性的层级空间重构。换言之，国家单位，包括人民公社、国有企业和社会组织以及国家办公机构等都成为干预社会的工具。② 其中单位制是控制公民行为疏导其作用力的主要工具。单位在农村表现为人民公社，在城市则主要是企事业组织。

在农村，通过建立人民公社改变了中国传统的"皇权不下县，县下皆自治"的上下分治结构。③ 农村人民公社是我国农村社会发展史上持续时间最长、影响深远的农村社会制度。④ 人民公社是在社会一体化基础上将国家行政权力与社会权力高度统一的基层政权形式，主要体现为经济上的集体化、政治上的党政合一和文化上的权力崇拜。在人民公社时期，国家通过对土地经济制度和意识形态的改造，确立了共产党的绝对权威。⑤ 由此极大地强化了国家对社会的控制力。

在城市，国家采取了严格的单位制进行管理和控制。城市管理中的单位制是基层政权的延伸，是为了适应计划经济体制的一种组织形式。与人民公社相同，单位制集合了政治管理、经济生存与社会管理的功能，是一种典型在封闭环境中的行政控制体制。单位制的控制与管理功能非常突出。

---

① 何海兵. 我国城市基层社会管理体制的变迁：从单位制、街居制到社区制 [J]. 管理世界，2003（6）.
② 李侃如. 治理中国：从革命到改革 [M]. 北京：中国社会科学出版社，2010.
③ 曹正汉. 中国上下分治的治理体制及其稳定机制 [J]. 社会学研究，2011（1）.
④ 辛逸. 试论人民公社的历史地位 [J]. 当代中国史研究，2001，8（3）：27-40.
⑤ 于建嵘. 人民公社的权力结构和乡村秩序 [J]. 衡阳师范学院学报，2001，22（5）：16-20.

每个单位（不论事业单位，还是企业单位）都有一定的行政级别，每个单位都是由干部和工人这两大政治身份的人群组成，每个单位都作为行政体系中的一个部件而存在，每个单位通过设置健全的党群组织作为政治动员的主导力量。党和政府可以运用这种自上而下的政治控制方式开展各种政治运动与政策实施。在经济社会领域也是同样如此严格的层级计划与控制。由此可见，单位制不仅是制度化的组织形态，更是一种统治支配方式，具有决定社会机构安排和作用机制的总体特征。换言之，单位制就是一统体制进行权力和资源配置的各个行政层级结构，以及完全嵌套成为庞大的集权体制的总体社会。[①] 人民公社和单位制充分体现了修正的威廉姆森模型中封闭的强控制、弱激励的层级制。

二、半封闭半开放的混合制：双轨制与项目制

人民公社极大地消解了传统的上下分治结构与社会个体的创造性，因其弊端明显，最终在20世纪80年代被乡镇基层政权所取代。而单位制则基本被保留下来，时至今日，国有企业、事业单位仍保持着单位制的基本特征与功能。尽管如此，外部环境已然发生了巨大的变化，使得新的政治、经济与社会要素开始逐渐弱化封闭性的层级控制结构。

以改革开放为标志，中央提出计划与市场都是经济手段。由此，中国开始了广为接受的经济转型，即从计划经济体制到市场经济体制转型。显然，这一转型不是一蹴而就的，而是一个相对较长的渐进过程，价格双轨制与项目制在这一过程中的过渡性作用是不言而喻的。尽管在改革初期就开始实行了市场经济，但直到1992年党的十四大才正式提出改革的目标是建立社会主义市场经济体制。到20世纪末，中国的社会主义市场经济体制基本建成。在这一历史时期内，国内外环境都发生了深刻的变化，由此影响着国家治理的结构与方式，其中较为显著的是双轨制与项目制。在日益开放的外部环境下，双轨制与项目制都体现了控制与激励并存的混合制结

---

① 杨圣明. 价格双轨制的历史地位与命运 [J]. 经济研究, 1991 (4): 36-42.

构特征。

价格双轨制是经济体制转型的产物，其存在时间长达四十余年，几乎渗透到经济社会的各个领域。改革初期，计划经济体制仍占主导地位，其运行主要依靠行政机关制定的指令，而市场经济则依靠价格机制调节生产供求关系。从工具性来讲，计划与市场都是手段，二者的有机结合是经济社会良性发展的可期理性状态。价格双轨制是计划机制与市场机制在生产资料价格上相结合的一种形势，[①] 并成为一种国家制度加以固化。在这里，笔者无意去评估价格双轨制的历史功过，而是将其作为一种治理方式放在从封闭走向开放的特定历史环境中进行考察。从字面上来讲，价格双轨制是指政府和市场都拥有一定的定价权。政府定价是为了防止放开市场的风险，而市场定价则是为了有效地实现激励个体的功能。由此可见，政府定价反映了封闭的计划经济体制下的层级控制，市场定价则反映了开放的市场经济体制下的市场激励。需要说明的是，价格双轨制与单位制具有内在的联系，价格双轨制是在单位制做"存量"的基础上实现"增量"目标。可见，随着外部环境，尤其是政策环境的变化，价格双轨制较之于单位制更具弹性空间，其弱化了层级控制，增强了激励功能。

在国家层面上，始于1994年的分税制改革催生了项目制。这种自上而下的依靠财政转移支付用项目制的治理方式在行政层级体制之外因其灵活性而备受推崇。项目制是指中央对地方或对基层的财政转移支付的一种运作和管理方式。随着项目资金规模的日益增大，除了工作和日常性支出外，几乎所有的建设和公共服务资金都"专项化"或"项目化"了。项目制作为一种治理方式存在于各个领域，各种专项资金林林总总，不一而足。从这个角度来看，项目制已经突破了项目运行的表面意义，成为国家重要的治理方式和制度安排。据统计，从1994年到2004年，专项转移支付总量一直远高于财力性转移支付，[②] 项目治国可见一斑。项目制的典型特征是没

[①] 杨圣明. 价格双轨制的历史地位与命运 [J]. 经济研究，1991 (4)：36-42.
[②] 折晓叶，陈婴婴. 项目制的分级运作机制和治理逻辑——对"项目进村"案例的社会学分析 [J]. 中国社会科学，2011 (4)：126-148.

有强制性，具有一定的竞争性。换言之，项目制其实是把市场竞争机制引入层级结构，以此激励"抓包"者。尽管项目制依然运行于层级制中，但它打破了层级制的结构，突破了纵向的层级性安排与横向的区域性安排，为完成一个专门的预期事务目标而将条条块块中的各种要素加以重新组合，以此通过竞争性的激励完成特定的任务。尽管在更加开放的外部政策环境中，项目制的激励功能得到了极大的张扬，但其控制仍然存在，项目制毕竟是在层级制内运作的，作为一种新的治理方式和制度安排，项目制在很大程度上强化了层级控制。

三、走向更加开放的市场

21世纪以来，随着经济全球化的不断加剧，中国社会主义市场经济体制建设的初步形成，国家治理方式开始日益倚重市场。改革开放以来，市场主体日益多元化，民营经济得到了长足的发展，进而推动了中国经济增长。从政府组织角度来看，市场竞争机制也被引入公共部门，尤其是在新公共管理运动的影响下，民营化、社会化得到了广泛的运用。这表明，层级制在某些可操作的领域开始走向市场。国家层面提出了建设统一开放、竞争有序的市场体系，突出市场在资源配置中起决定性作用的基础。这表明，中国的治理方式更加接近修正的威廉姆森结构模型的市场一端，以此弱化国家层级控制，在更加开放的环境里，提高市场治理方式的激励功能，推进国家建设与治理。

至此，笔者以一个修正的威廉姆森结构模型回溯了中国治理结构和方式的变迁。人民公社、单位制靠近强控制的层级制一端，其外部环境是封闭的国内环境下计划经济体制，市场机制的治理方式靠近强激励的市场一端，其外部环境是开放的国内外环境下的市场经济体制，而介于中间的价格双轨制与项目制则处于半封闭半开放的外部环境中，控制与激励并存。由此，可以清晰地呈现过去60多年来中国治理方式的变迁，如图7-1所示。

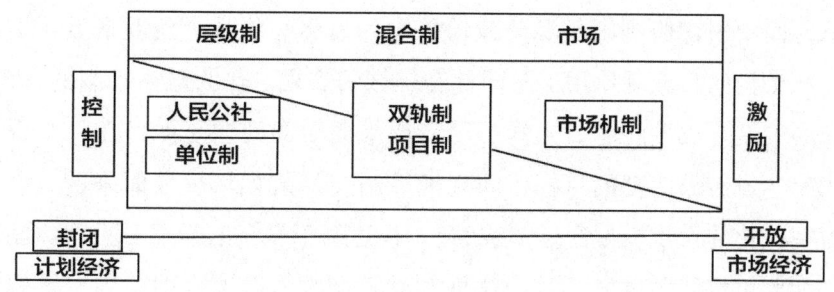

图 7-1 公共行政治理方式的分析框架

需要指出的是,上述治理方式的变迁在修正的威廉姆森模型中并不是决然分立的。如上所述,从计划经济到市场经济转型的过程是一个渐进的过程,不同的治理方式相互交错。比如在单位制、双轨制、项目制就存在着很大的交互性。

第三节 组织适应性:一个合法性的逻辑

在上述解释中描述了中华人民共和国成立以来中国治理结构和方式的变迁,接下来的问题是为什么会发生这些变迁?除了外部环境的压力,这些治理方式背后隐藏着什么样的内在逻辑?在这里,笔者试图以官僚组织的合法性基础进行分析,其理由是除了上述模型中市场制以外,其他的治理方式也与层级制相关。

在离散组织结构中,威廉姆森指出,不同的治理结构需要得到不同形式的契约法的支持。由此不难看出,不同的契约法意味着可达成的组织结构。这里的契约意味着组织结构的选择建立在可接受的,亦即以合法性的基础上。

笔者以为,从宽泛意义上,中国官制与韦伯意义上的官僚制并没有什么本质的区别,它们都是在交通、通信等技术欠发达的条件下的社会支配结构。但重要区别的是,西方官僚制是现代化大生产的产物,是人机集合的经济效率诉求,而中国官僚制则是源于政治控制的需要。从这个角度来看,不过是作为支配结构的官僚制作用于不同社会领域的表现。作为政治控制的官僚制,最为核心的是合法性问题。中国统治者历来面对的问题是如何在一个疆域辽阔的国家达成有效治理的目标,即规模控制(从规模环境层面来看,这一点与西方现代化的大规模生产是一致的)。长达两千多年的封建君主官僚制之所以能够如此恒定,关键在于其合法性基础从来没有改变,即以儒家思想构建起来的各种纲常伦理。儒家学说关于"天道观念、大一统观念与纲常教义构成了封建国家的合法性基础……一般的社会秩序,不是依靠法来维持,而是靠宗法、靠纲常、靠下层对上层的绝对服从来维持。"[①] 在此基础上,尽管皇权不下县,但基层依然能在此基础上保持社会稳定。

到了近代,这种合法性基础被逐渐侵蚀并瓦解。在1911年前,固有的儒家意识形态受鸦片战争、太平天国运动、辛亥革命的冲击,[②] 几乎摧毁了封建国家的合法性基础,比如太平天国运动队基层政策的儒家意识形态的破坏是摧毁性的,而鸦片战争与辛亥革命则从上层结构瓦解了儒家思想的合法性基础。由此,封建王朝的合法性基础被清洗,失去了合法性支持必然导致清王朝的覆灭。至此,重建国家的合法性基础成为任何一个政治集团欲建立新型国家的必要任务。如上所述,国家的合法性基础在于基层,即政权的合法性要得到广大基层民众的认可。虽然民国在1927—1937年的"黄金十年"备受称道,但外部战事中断了国家建设的持续,未能有效地重建其合法性基础。在李侃如看来,为中国寻找一套新的赖以立国的道德准则的努力,最后证明都不成功。[③] 直到中国共产党执政,才开始着手在全国范围内重建合法性基础,其中最重要的是20世纪50年代中期的土地改革算是完成了对合法新基础的重构。由此不难理解,为何党在20世纪50年代以行政权力直通基层的做法,以此建立新的意识形态合法性基础。总的来说,现代中国的合法性基础是在传统瓦解基础上的重建。

[①] 王亚南. 中国官僚政治研究 [M]. 北京:中国社会科学出版社,1981.
[②] 王亚南. 中国官僚政治研究 [M]. 北京:中国社会科学出版社,1981.
[③] 李侃如. 治理中国:从革命到改革 [M]. 北京:中国社会科学出版社,2010.

然而，尽管通过土地改革等方式基本奠定了中国共产党执政的合法性基础。但如何持续则是必须解决的问题，即如何才能获得民众的认可与信任，从而使得政权得以继续存续。这就需要从中国共产党的合法性来源说起。在韦伯看来，权威的合法性来源于传统、法理与克里斯马。毛泽东时代的合法性基础是典型的克里斯马。这种基础是在革命年代中逐渐形成的，并在建政后形成"革命教化政体"。① 为获得长期的克里斯马权威基础，革命教化政体的国家对社会改造抱有强烈使命感，以此巩固其合法性基础。由于个人的克里斯马权威基础不具有稳定性和持久性，为此，特定组织形态获得超凡禀赋的特征就成为可能。换言之，国家或执政党被克里斯马化了，被赋予了神圣的功能。执政党被赋予了具有无可替代的内生的领导力、纠错能力与更新能力。② 虽然其权威基础从个人转移到了组织，但其改造社会，获得超常绩效的使命并未改变。周雪光对此做了进一步的研究，他认为在现代社会，中国的合法性基础是以法理外表，以克里斯马为本的形式存在的。为此，执政党和国家需要通过对未来绩效的追求来验证自己的合法性。由于中国在相当长的时期内受经济落后制约，因此，追求经济增长就成为执政党重要的巩固合法性基础的内在驱动力。倪星将其称之为政绩饥渴。③

夯实合法性基础需要通过一定的方式来进行。在中国共产党执政初期，国家采取了人民公社、单位制的组织形式。但这一制度对社会的绝对控制未能促进经济绩效的极大增长，加之个人的克里斯马权威的强化，并在"文化大革命"中表现出了极大的破坏性，由此迫使领导层面改变新的治理手段。从本质上讲，就是如何在科层控制下寻找更加具有激励性的治理方式。由此，计划经济开始出现松动，市场因素得以兴起。在从计划经济到市场经济转型过程中，则出现了价格双轨制的治理方式。这种方式体现了从科层控制到市

---

① 冯仕政. 中国国家运动的形成与变异：基于政体的整体性解释 [J]. 开放时代，2011（1）：73-97.

② 周雪光. 运动型治理机制：中国国家治理的制度逻辑再思考 [J]. 开放时代，2012（9）：105-125.

③ 倪星. 政府合法性基础的现代转型与政绩追求 [J]. 中山大学学报（社会科学版），2006，46（4）：81-87.

场激励的过程。在20世纪90年代中期,项目制被广泛运用于科层内部。显而易见,项目制是一种具有竞争与激励的治理手段。由此,不难看出,随着中国社会不断从封闭走向开放,国家治理方式也在不断地从控制向激励倾斜。这些治理方式的变迁与经济增长紧密相关。

  总的来说,理解中国治理关键是看其采用了什么样的治理方式。笔者以威廉姆森结构模型为基础,在引入环境变量的基础上对其进行了修正。中华人民共和国成立以来,尤其是改革开放以来,中国经济增长的奇迹与治理方式密切相关。在中国不断从封闭走向开放的外部世界里,通过逐渐弱化层级控制,强化市场激励机制,呈现出人民公社、单位制、价格双轨制、项目制、市场等治理方式。这些治理方式的推进与更替清晰地勾勒了中国是如何从计划经济体制转型为市场经济体制的。

第八章　公共行政的治理主体

从组织学的角度来看,公共行政的治理主体主要是那些能够运用公共权力并对公共资源进行分配的组织和个体。本章以流行的治理理论为切入点,着眼于基层政府,阐述了中国公共行政治理主体的历史演变过程。在改革开放进程中,市场主体力量的增长使得其拥有了更多的干预行政的空间,使得公共行政在基层治理的主体上发生了新的变化,并为公共行政的治理绩效带来了一定的影响。

第一节　治理主体的多元化

近年来,西方治理在理论与实践上都有着明显的成效,由此也引发了中国学者的关注,特别是政府、市场与社会的分析框架被广泛接受。规范政府行为,进一步强化市场对资源的配置作用,激发社会组织活力正是党的十八届三中全会所强调的内容。在转型社会,谁来治理中国,如何治理中国是治理的核心问题。在西方治理理论形成一定话语压力的背景下,有必要简要地厘清治理理论的来龙去脉。

治理实际上更多的是指公司治理(Corporate Governance)。西方关于公司的治理最早可以追溯到 Adam Smith[①],其核心是所有权与控制权的分离,

---

[①] Demsetz, Lehn. The Structure of Corporate Ownership: Causes and Consequences [J]. Journal of Political Economy. 1985 (93): 1155–1177.

进而形成是委托-代理关系的治理。公司治理理论的提出使得人们更加关注公司治理与经济绩效之间的关系，比如股权结构与公司业绩①、董事会结构与公司业绩②等。他们试图把股权结构、董事会结构等作为解释变量，把公司业绩作为被解释变量来探讨治理结构与治理产出之间的关系。在公共管理学的商业研究途径看来，公共组织与私人组织在所有不重要的方面是相同的，把公司治理的方法运用于公共管理是恰当的。在西方国家财政危机、管理危机与合法性危机的多重压力下，目标管理、绩效评估、战略管理等私人部门的治理技术等都被广泛地引入到公共部门，并由此引发了西方世界的新公共管理运动，使再造政府、善治等成为20世纪末的治理主题。在西方发达国家进入后工业社会以来，治理理论以全新的面孔影响着公共管理实践。"治理理论始于认识到公共行政的主体已经超出了多层级的政府机构，而延伸至社区、志愿部门和私人部门，这些部门在公共服务及项目实施中所扮演的角色是治理视角关注的重要领域"。③由此可见，治理理论关于治理主体的表述是多元的。

  治理理论的兴起有着其深刻的背景。从理论上看，政府与市场均存在失败的可能，而市民社会则有助于弥补这一缺陷。按照Rhodes的观点，私有化以及公共干预范围的缩小、中央与地方政府部门（相对于其他可选择的服务系统）功能的缺失④，使得公共部门日益碎片化，这种碎片化导致政府的控制力也越来越弱。从实践上看，凯恩斯主义在战后遭遇了新的困境，西方福利国家的财政危机，欧洲一体化的推进以及经济全球化的日益加剧，使得治理理论呼之欲出。1992年世界银行将年度报告主题定为"治理与发展"。罗西瑙将其界定为一系列活动领域里的管理机制，它们虽未得到正式

---

  ① Heenalin, B. and M. Weisbanch. The Determinant of Board Composition [J]. Journal of Economics 1988 (4): 589–606.

  ② DreehslerW. Governance, Good Governance and Government: The Case for Estonian Administrative Capacity [J]. Journal o f the Humanities and Social Seienees, 2004 (4): 388–396.

  ③ Kooiman J. Governing as Governance [M]. London: Sage, 2003: 3–46.

  ④ Rhodes R. A. W. The New Governance: Governing without Government [J]. Political Studies Semp. 1996: 44.

授权，却能有效发挥作用。尽管关于治理的界定各异，但他们都强调第三部门（社会领域）被视为治理的重要主体，强调市场、企业、NGO和各类公民组织在治理过程中的作用，由此勾勒出社会治理的政府、市场与社会基本分析框架。因此，治理理论可以简单地概括为由政府、市场和第三部门共同治理国家和社会的一种理论。需要强调的是，西方治理理论中的第三部门的参与有着深刻的公民精神的沉淀。比如在美国，公众对政府抱有天然的不信任。

治理理论的核心是去中心化，多中心化，网络化与治理工具的多元化。与此同时，治理理论也强调政府职能的重塑，特别是在提供规则与秩序等基础性公共服务方面应当发挥重要的作用，以此实现不同治理机制和规则的兼容，化解政府与市场、社会之间的矛盾，而不是直接管理或干预具体公共事务。在现代社会，传统权威不断被消解，向地方分权、向社会分权，甚至将权力让渡给跨国家的组织成为一种趋势；政府与其他组织的共治、社会的自治成为一种常态。[1] 不难看出，治理理论在分析层次上表现为一个政府、市场、社会的分析框架。政府不再是至高无上的控制一切的唯一权威。政府、市场与社会都是治理的主体，都有着各自的功能或作用以及相应的运行逻辑和方式。

沿着这一逻辑，西方学者发展出了不同的治理模式。Kooimall总结了治理的三种模式：自治（self-governance）、共同治理（co-governance）以及科层治理（hierarchical governance）。而Arthur Bellz将治理模式总结为层级（hierarchy）、网络（networks）、竞争（competition）和协商（negotiation）四种模式。简言之，西方治理理论所强调的多中心治理在本质上是一种社会的横向分权，治理主体日益多元化。

治理理论的兴起引起了中国学者的关注。任剑涛认为确认国家结构上国家—社会—市场的三分结构，建立国家权力的分权制衡架构，对国家治

---

[1] Hall WA. Global Experience on Governance. Authority RT. Governance as Trialogue: Government - Society - Science in Transition. Berlin: Springer, 2005: 30-38.

理的政治、法律与管理方略是非常有益的。① 网络治理模式也是中国治理选择的基本模式。② 但西方理论在中国的适用性问题是一个非常严肃的问题。公共行政的身份危机与公共行政研究的"非中国化"使得中国的公共行政研究陷入一种自说自话的境地,③ 强调治理理论在中国的适应性需要考量中国独特的历史与现实语境。臧志军认为治理离不开两个前提：一是成熟的多元管理主体的存在以及它们之间的伙伴关系；二是民主、协作和妥协的精神。治理理论的一个重要理论预设就是有发育较为成熟的非营利组织的存在。在试图将治理理论引入我国之前，必须对这一社会条件加以考察。为了防止治理理论在中国的误用，郁建兴、王诗宗运用"策略性—关系性"④ 对治理理论的中国适应性进行了分析。

可见，西方治理理论聚焦于权力结构的重新调整与分配，试图建立一个全社会范围内的三权分立与制衡的结构。但中国有着与西方国家完全不同的历史叙事与现实语境。基层治理主体也与西方完全不同，特别是改革开放以来，在经济与社会结构调整和转型过程中，基层治理主体发生了一些新的变化。

第二节 基层治理主体：从传统到现代

治理实际上是一个非常宽泛的概念，甚至可以将任何一种组织结构都视为治理。换言之，千百年来的中国政治结构也是一种治理模式。在人们

---

① 任剑涛. 国家治理的简约主义 [J]. 开放时代, 2010 (7): 73-86.
② 郁建兴, 王诗宗. 治理理论的中国适用性 [J]. 哲学研究, 2010 (11): 114-120.
③ 马骏. 中国公共行政学研究的反思：面对问题的勇气 [J]. 中山大学学报（社会科学版), 2006, 46 (3): 78-1.
④ 郁建兴, 王诗宗. 治理理论的中国适用性 [J]. 哲学研究, 2010 (11): 114-120.

对西方治理理论的中国适应性分析上，大多乐于接受政府、市场与社会分治与共治的分析框架，并抱有良好的期许。但中国惯常的治理结构是中央集权与地方分权，因此，治理理论的中国适应性就必须考虑中国中央政府与地方政府的权力结构。中国传统的治理方式是基于中央与地方的下上分治结构，这一超稳定结构维系了上千年的历史，其间的王朝更迭不过是人事更替而已。[1]

传统中国上下分治的治理结构是由中国特定的地理、人口、公共财政和技术结构决定的。秦朝统一全国后，面临着前所未有的治理压力，人口多了，疆域大了，但交通技术又非常落后，由此导致信息交流极为困难，进而使得国家难以管理。为了实现对全国的有效治理，秦朝建立了高度集权的中央政府，并在地方上设置了郡、县、乡、亭等官僚机构，比如刘邦当时就是一个亭长，拥有一定的行政管理权力。政府权力完全渗透到了乡村街角。这是一个完全由官僚机构实行集权统治的国家。[2]

但随着历史的推移，这种结构发生了变化，并逐渐演化成一种上下分治的稳定格局，即中央政府管到县为止，即"皇权不下县，县下皆自治"。韦伯、费孝通等人认为，中国的基层社会是以地方官主导，以地方乡绅和宗族自治为基础的治理结构。[3] 乡绅阶层是中国封建社会一种特有的阶层，主要由科举及第未仕或落第士子、当地较有文化的中小地主、退休回乡或长期赋闲居乡养病的中小官吏、宗族元老等一批在乡村社会有影响的人物构成。他们近似于官而异于官，近似于民又在民之上。这就是典型的传统中国的纵向分权治理结构——中央政府负责治官，地方政府负责治民的双重统治格局。这意味着国家的治理是"以上层政权为主导，基层社会组织（主要是宗族和乡族组织）自我管理为基础，上下连接、相互依赖的双层统治"。[4] 这种治理格局对社会的稳定性发挥了极大的作用，不管这种治理结

---

[1] 金观涛,刘青峰.中国现代思想的起源[M].北京：法律出版社,2011.
[2] 钱穆.中国历代政治得失[M].第2版.三联书店,2005.
[3] 费孝通.中国士绅[M].北京：外语教学与研究出版社,2011.
[4] 曹正汉.中国上下分治的治理体制及其稳定机制[J].社会学研究,2011(1).

构是出于治理能力有限还是降低集权的政治风险。① 在此治理结构下，乡绅不仅负责教化民众、承担赋税、维持治安和平衡乡村社会结构等任务，而且还担负起县级以下乡村社会的公益事务，如治水、赈灾或治安等。特别是在清末，由于朝廷治理能力遭到巨大的削弱，各种不受乡绅约束的民间社会组织在地方事务中发挥着越来越大的具有自治性的功能。总之，乡绅的各种权力和社会地位，相当一部分是皇权默许甚至授予的。封建上层统治者的目的是让乡绅在皇权难以支配到的乡村社会里，担负起率民为善的教化责任，同时以补充地方行政的不足。另一方面，乡绅又从乡村的宗族、家族、民众那里得到支持，这种源于古典式民主并具有较广泛民众基础的社会地位，使他们成为乡村民众的代表，构成在官府之外的又一股势力。这股势力既是官方与民间的桥梁，又是官府、乡里所期望造福乡里或教化民众的不二人选。正是其双重代理的身份维系了封建社会的稳定性，当然，其主要代理的是基于宗族的乡村社会的利益。因此，上下分治结构包含着降低执政风险的两个机制——分散执政风险的机制和自发调节集权程度的机制，从而有助于治理体制自身的长期稳定。② 换言之，乡绅治理实现了国家控制到地方支配的转型。但另一方面，这种上下分治的结构使得中央和地方的关系长期处于割裂状态。一旦出现社会动荡，中央集权就面临失控的风险，历代农民起义推翻旧王朝就是基层政权失控最为直观的印证。

虽然自清末已降的上下分治结构受到了战争的影响，但这种结构在中华人民共和国成立后以另一种方式得到了复苏，那就是城市的社区治理与农村的村民自治，其载体为农村的村委会与城市的居委会。中国共产党执政后，基于苏联模式，尝试着把权力延伸到基层。中国共产党通过各种运动强力地摧毁了乡绅治理的传统基础，取而代之的是严格的科层结构。国家政权力量开始深入并加强对乡村基层社会的控制。比如在20世纪50年代就建立了人民公社和乡镇政府，在村一级则称之为大队，大队下面再划分小队。在城市则推行单位制，从而将基层完全纳入行政管理体统。从表面

---

① 曹正汉. 中国上下分治的治理体制及其稳定机制 [J]. 社会学研究，2011（1）.
② 曹正汉. 中国上下分治的治理体制及其稳定机制 [J]. 社会学研究，2011（1）.

上看，官僚机构替代了传统的乡绅治理，打破了传统的上下分治双重结构，以基层官僚取代了乡绅治理。但实际上真正起作用的是执政党的基层党组织，不论是农村还是城市，基层政府或单位都建立了党的组织，一般称之为"以党代政"。也就是说，执政党的权力通过这些基层政府组织直接延伸到了社会的最底端。从这个意义上看，基层治理主体由传统的乡绅转变到政党。

但是这一方式很快就遭遇到了困难。虽然基层官僚能力不足，财政经费缺乏是一方面的原因，但更重要的是地方政府的有效性与中央集权的张力使得中央政府不得不重新考虑基层治理的主体功能。在20世纪80年代开始设立自治性的村委会、居委会。居委会、村委会在法律上是一种自治性的组织。这种试图恢复传统治理的方式虽然强调基层治理的自主性，但实际上仍然是政党主导的。因为它们实际上主要承接来自街道办、乡镇的基本职能。但作为一种准行政组织，居委会、村委会实际上具备了双重委托–代理的身份。一方面，他们要负责执行来自基层政府的行政职能；另一方面，他们又是辖区人们的代言人。这种双重身份使得他们在维系社会稳定和基层经济发展等方面发挥了不可替代的作用。在市场要素与权力结构的相互交织下，基层治理出现了"嵌入自治"的情形[1]，这在很大程度上瓦解了照搬的苏联模式，也是中央政府对严重地忽视了基于纵向分权的中国上下分治传统的回应性调试。从合法性角度来看，这意味着降低集权的风险，是对纵向分权的深化。[2] 然而，这种治理遵行的是自治为表、政党为里的权力运行逻辑。虽然乡绅与政党在基层都具有双重代理的身份，但乡绅更侧重于基层利益，而村委会、居委会则更多地代表政党的利益。政党替代乡绅治理基层进一步强化了对社会的控制，与此同时，在计划经济体制下，政党弱化了基层需求的结构及其回应，由此加剧了基层社会与中央集权之间的矛盾。

---

[1] 何艳玲."嵌入式自治"：国家—地方互嵌关系下的地方治理[J].武汉大学学报：哲学社会科学版,2009(4)：495-501.

[2] 曹正汉.集权的政治风险与纵向分权[J].南方经济,2013,31(2)：1-11.

第三节 治理主体的新变化

改革开放以来，随着经济的增长和公众现代意识的提高，社会组织也得到了一定的发展，特别是在经济较为发达的沿海城市，社会组织所扮演的角色日益明显，它们以不同的方式介入到社会治理中。当西方的治理理论被广泛接受时，社会组织就被赋予了新的期望。从上面的分析可以看出，中国基层治理主体经历了乡绅治理到政党治理的演变。改革开放后，特别是进入21世纪以来，社会组织被赋予了治理的新功能。那么，在政府、市场与社会的分析框架中，基层治理主体又发生了什么新变化呢？

在《经济、社会变迁与国家重建：改革以来的中国》一文中，马骏认为，每个社会都包括以某种独特的方式互动的四个领域——私人、市场、公共、国家等领域。在实践中，可以有多种办法组织这四个领域之间的关系，而不同的组织方法就意味着不同的国家治理。在1978年以前的中国，由于国家用计划经济几乎完全取代了市场体系，并施加严密的社会控制，因此，国家不仅完全控制了经济领域和公共领域，而且渗透了私人领域。1978年，中国开始经济体制改革。随着改革的推进，中央计划体制逐渐被市场体制取代，商品和服务的价格逐步由市场来确定；在工业领域，国有制开始逐渐退出其原有的主导地位；在农业领域，个体耕作业也取代了人民公社；私人企业也不断扩张，最终在总产量和增长速度上超越了国有企业（Dickson Chao，2001）。在经济自由化的过程中，为了建立现代市场经济，国家也开始重构其治理制度：限制政府对经济的过度干涉，使市场成为资源配置的主要机制。与此同时，市场经济的发展在创造了经济自由的同时，也为个人自由创造了条件，个人和一些组织开始较少地依赖国家而获取生存的资源和福利，于是，国家对公共和私人领域的控制开始减弱。在私人领域，经过30年的改革，国家在很大程度上已经放弃了原来的那种直接干预和严格控制，例如在婚姻领域。在公共领域，尽管国家仍然未放弃对大众媒体和 NGO 的控制，但是，经济改革以来，特别是 20 世纪 90 年代以来，一个相对独立的公共领域正在形成（White et al.，1996）。其结果是，经济改革以来，其他三个领域开始在不同程度上"漂离"原来的国家控制，并呈现出不同形式的发展活力。在这个过程中，政府、市场与社会日益构成基层治理的主体。

作为政府购买的市场与社会。在新公共管理看来，民营化为市场和社会主体参与基层治理开启了机会窗口，以合同承包的方式获得了基层治理主体的资格，并将过去由政府直接供给的公共服务通过各种方式由政府以外的力量完成或二者合作承担，将政府在公共服务中的生产者角色与提供者角色分开，让部分生产者职能由市场和社会承担，政府着重掌舵而不是掌舵与划桨二者并重，做到正本清源，一方面可以减轻政府负担，另一方面可以提高公共物品供给的效率，提高公众对公共服务的满意度，进而提高政府形象。在此基础上，通过合同承包、特许经营、出售或并购、补助和凭单、政府淡出等方式，使得公共服务更具竞争性，不仅有效地克服了传统公共服务提供方式效率低下、质量低劣、财政负担、投资不足，而且大大降低了对公众缺乏回应性、缺乏管理技能或足够的管理权限、设备维修质量低下，多度的垂直一体化、管理方式或产品过时、目标多样化且相互矛盾、资产为充分利用或使用效益不佳、滋生腐败等弊端。

近年来，公私合作模式在全国范围内得以兴起。这一模式的核心是政府和社会资本合作，是公共基础设施中的一种项目运作模式。在该模式下，鼓励私营企业、民营资本与政府进行合作，参与公共基础设施的建设。通常模式的做法是由社会资本承担设计、建设、运营、维护基础设施的大部分工作，并通过"使用者付费"及必要的"政府付费"获得合理投资回报；政府部门负责基础设施及公共服务价格和质量监管，以保证公共利益最大化。更高的经济效率、更高的时间效率、增加基础设施项目的投资、提高公共部门和私营机构的财务稳健性、基础设施、公共服务的品质得到改善、实现长远规划、树立公共部门的新形象、私营机构得到稳定发展等。截至 2017 年第三季度，全国累计入库 PPP 项目 17.8 万亿，落地 4.1 万亿。由此可见，在 PPP 模式下，更多的市场主体介入到基础设施和公共服务中，成为基层治理不可或缺的主体。

21世纪以来，在城市治理中，政府购买日益成为市场与社会主体参与基层治理的重要形式。政府购买是基于合同承包的方式，由私营企业、非营利性组织承包某一方面的物品或服务，具体包括授权委托模式、直接资助模式、服务合同模式、补贴模式等。在这一安排中，政府是安排者，私营企业或非营利性组织是生产者或服务的提供者，由政府向它们支付费用。在这一过程中，企业和市场主体扮演着公共服务供给主体的重要角色。随着经济社会的发展和改革的深入，社工机构及其社会工作者在社会治理中的作用越来越突出，其作为基层治理主体的角色也日益明显。比如深圳早在20世纪90年代初就在义工服务的基础上开始了开展社会工作解决社会问题的探索。在政府购买社会服务的模式下，社工服务逐渐从单一的社区服务拓展至教育、医疗、残疾人、心理矫正等各个领域，开展社会福利、社会救助、社会慈善、残障康复、优抚安置、医疗卫生、青少年服务、司法矫治等社会服务。政府首先对自己原有职能进行重新界定，将那些原本属于社会的职能划分出来，使之相对独立。政府根据工作的性质、难易程度、责任大小、岗位服务所需资质以及可操作性等特点进行岗位开发，从而设定相应的社工岗位，并以政府定价的方式向社工机构公开招标。通过公开招标的方式选择恰当的社工机构，最后由中标的社工机构按照合同的约定履行职责，提供相应的准公共服务。由此可见，政府在购买社工服务的职责是岗位开发、岗位定价、对象寻找、签订合同与结果评价。作为岗位服务的提供主体，社工机构的主要职责就是根据合同的约定，组织社工机构的人力、物力、财力、智力等资源组织达成岗位服务目标。

在广大农村，新乡贤作为基层治理主体的作用也越来越受到欢迎。在郎友兴等人看来，乡贤是在当代农村政治、经济、文化和社会等方面居于优势地位且为村庄公共利益有所贡献并得到村民敬重的精英。现代农村治理追求的目标是实现农村的再组织，在国家力量与农民之间寻找到联结性较强的村治契合点。新的生产力发展要求新的生产关系与之相适应，而时代变迁产生的农业大户、农村精英成为新型农村治理的中坚力量，能够成为推动农村再组织化的重要组成部分。多年的农村治理经验为当代农村的治理提供了形成新秩序的基础。而在当下农村的政治、经济背景下，重新提出乡贤参与治理显然是一个较为合理的路径选择。加之，外出奋斗的村民通常都具有乡土情怀，愿意回到农村贡献自己的力量。这些社会精英可以为农村建设提供引领作用，能够成为农村治理的重要组成部分。实践表明，新乡贤在村民中具有较高的威信，将这一群体引入农村治理能够充分降低沟通成本，加速各项政策的贯彻和实施，有效缓解农村治理难题。

社会公众是基层治理的天然主体。公民参与是民主制度的一个重要维度。现代信息技术的发展为社会公众参与基层治理开启了便捷的渠道。网络问政、网络反腐等成为社会公众参与基层治理的重要渠道。以反腐为例，在孟天广、李莉等看来，基于公众反腐参与的重要价值和功能，中国政府试图通过一系列改革举措使公众参与腐败治理成为制度反腐的重要组成部分。借助网络空间，民众积极参与反腐败的渠道得到了前所未有的拓展。一般而论，网络空间存在着两种形式的反腐败参与类型：一是官方模式，即通过最高人民检察院、国家监察委员会、中纪委等官方网站平台进行实名举报、提供线索和提出建议。如中央纪委国家监察委员会公布中央纪委信访室、国家监察委员会举报中心网址，开通了"12388"举报热线；最高检开通"12309"举报热线。党的十八大以来，中央纪委国家监察委员会官方网站开通上线，网络举报数量更呈现出急剧上升之势。据统计，2013年9月2日至10月2日，中纪委举报网站统计的网络举报数量即高达2.48万件，平均每天超过800件，而在开通之前的同年4月至8月每天只收到各式举报300件。同时，中央纪委、中央组织部、最高人民法院、最高人民检察院、自然资源部等五部门官方举报网站日均浏览量增加了2倍多，网民举报数量和举报受理数量增加了近1倍。二是民间舆情事件中的民间反腐参与。这类民间反腐参与以民间自发的网民和反腐网站为主体，借助互联网庞大的网民群体以及QQ群、网络论坛、微博、专业性反腐倡廉网站等新兴社交媒体的技术和传播优势，通过捕捉、筛选、深究腐败线索，形成特定的舆情事件，从而引发和推动官方的正式介入和反腐机构的专业行动。近年来，具有广泛影响的"房叔""表哥""天价烟局长"等都是网络反腐的典型案例。

此外，需要指出的是，一些灰色群体和组织也侵入到基层治理中，充当着影子政府的角色。一些企业和社会组织，甚至黑恶势力等通过更加隐蔽的方式与基层官员结成利益共同体。他们不仅从市场经济中获取了容身之地，还从少数腐败分子身上获取了"保护伞"。在吕德文（2018）看来，当前的农村黑恶势力，更多情况下是通过合法的市场行为获取灰色利益。因此，农村黑恶势力具有明显的"灰色化"趋势。这集中体现在：首先，农村黑恶势力不再崇尚暴力，而是尽量运用市场手段获利；其次，农村黑恶势力并不热衷于组织化，更多情况下是以松散的个体存在，通过地方"能人"连接起来，但两者之间并不一定有上下级间的庇护关系，只是临时性的相互利用关系；再次，农村黑恶势力往往隐藏在宗族、姻亲、朋友等乡村社会网络之中，并不需要建立类似于陌生人社会里的黑社会性质的组织关系。由此使得基层治理的有效性大打折扣。正是在这个意义上，中共中央、国务院在2018年1月发出了《关于开展扫黑除恶专项斗争的通知》，针对当前涉黑涉恶问题新动向，切实把专项治理和系统治理、综合治理、依法治理、源头治理结合起来，把打击黑恶势力犯罪和反腐败、基层"拍蝇"结合起来，把扫黑除恶和加强基层组织建设结合起来，以此营造风清气正的基层政治生态，打造更加精干高效的基层治理主体队伍，推动经济社会的良性发展。

第九章　公共行政的二元人事结构

当前各级政府中的编外人员与传统治理结构中的胥吏具有很大的相似性。传统治理结构中的非正式官僚发生于治理负荷与资源约束的制度环境,并呈现出身份卑微、地位低下、薪酬低廉等基本特征。国家疏于制度的安排弱化了对非正式官僚的控制,使得组织绩效表现出内在的困境。同时,由于历史时空的变迁,传统与现代视角下的非正式官僚又有着本质的区别:传统治理结构中的胥吏依附于有限政府,与正式官僚有着巨大的阶层隔阂,凭借逆财政机制存续,并遵循行政外包的逻辑行事;而当下政府中的编外人员依附于无限政府,与正式官僚相融合,依靠软财政维持运转,并按照不完全行政外包的逻辑履行公务。

第一节　作为非正式官僚的编外人员

在官僚制人事安排的研究中,人们更多地关注组织中正式官僚,而较少关注组织中的非正式官僚。事实上,自古至今,正式官僚与非正式官僚的二元构成一直是中国政府人事安排的显著特征之一。人们围绕着这一长期稳定的现象展开了深入的研究,并取得了较为丰富的成果。从已有的研究来看,人们大多将帝制中国的胥吏作为研究对象来理解帝国治理的内在逻辑。

当前各级政府中同样存在着大量类似胥吏的非正式官僚。20世纪90年代以来,在维护社会稳定日益成为地方政府不可退出的刚性任务的背景下,为缓解治理负荷和治理绩效之间的张力，各级地方政府都在不同程度上使用了编外人员这一特殊群体以降低行政成本，提高行政效率，其中以公安机关中的警务辅助力量最为突出。据笔者2014年7月在G省公安厅的访谈，全国正式警察为170万人，而警务辅助力量就有120万人。在经济发达的长三角和珠三角，警务辅助人员甚至远远超过了正式警察的数量，其中S市正式警察为1.3万人，各类警务辅助力量高达3.7万人。[①] 警务辅助力量的显著增长在地方治理中发挥了不可或缺的作用，但同时也因其被排斥在制度化的薪酬激励之外而衍生出诸多新的不稳定因素。近年来，临时工引发的负面影响引起了社会各界的广泛关注，学术界也对编外人员、政府组织中人员构成的"二元性"等表现出极大的兴趣，并将其与传统治理结构中国的胥吏联系起来进行了较为深入的探讨。

非正式官僚这一特殊群体根植于中华帝国的传统治理结构中，是两千多年来的超稳定结构中的重要组成部分。[②] 尽管历史时空已经发生了深刻的变迁，但当前中国的国家治理逻辑里依然流淌着传统治理的基因，并且在一定程度上正在回归传统，[③] 非正式官僚在一定程度上无疑是最好的注脚。本章的主要目的在于从组织学的角度，通过对传统治理结构中的胥吏与当下国家治理中编外人员进行比较，厘清二者之间的共性和差异，为后续研究奠定基础。

在黄冬娅看来，非正式官僚是与正式官僚相对应的概念，它包含两层意思：其一，它不是纯粹的社会组织或者社会力量，它具有一定的官僚性，即它承担了正式官僚机构本应承担的国家行政职责，在很多情况下，它是代表国家与社会打交道；其二，它不是纯粹的官僚或者管教机构，最为重要的区别在于它不像正式官僚那样有稳定的薪俸供给，相反，他们的收入

---

① 文中所有关于警务辅助人员的资料均来自作者2014年对北京、上海、苏州、广东等地各级公安机关的调研。
② 金观涛，刘青峰. 中国现代思想的起源 [M]. 北京：法律出版社，2011.
③ 张静. 行政包干的组织基础 [J]. 社会，2014，34 (6)：85-97.

往往来自行政任务完成中的各种非法的或者为国家所默认的各种"外快"①。按照这一界定,非正式官僚所涵盖的群体非常宽泛。为了更好地呈现这一群体,本书以官僚组织的边界为界限,将非正式官僚分为组织内的非正式官僚和组织外的非正式官僚。在传统治理结构中,组织内的非正式官僚主要表现为胥吏,而组织外的非正式官僚通常称之为准官员。

胥吏是依附于官僚组织的非正式官僚,是在官府中专门经办各类文书的人员、处理具体事务和技术性的工作人员,从事其他杂务私役的人员②,包括瞿同祖所讨论的州、县地方政府中的书吏、衙役、随从和幕友等③,他们是与官员相对应的国家治理的重要力量,是君主官僚制中"一人政府"之下的精通行政技能的非正式官僚。他们虽然不是正式官僚,但却是地方政府中的正式组成人员。在很大程度上,胥吏和次官僚④是一个同一的概念,除文字表述外并没有本质上的差异。在当前与之相类似的是各级政府部门中存在的临时工。本书中所言及的警务辅助人员就是其典型代表。

而准官员则是官僚组织边界之外的非正式官僚,并具有一定的自主性。他们是由官府批准任命的地方、乡保、乡地以及赋税征收中的总催、里甲、收兑等税收代理人⑤,是半正式治理结构中的核心力量⑥。与正式部门的官僚不同,准官员任职不带薪酬,在工作中也极少产生正式文书。他们不是由政府拨款而是由地方社会,或由衙门从自己提供的服务所获得的收入来

---

① 黄冬娅. 多管齐下的治理策略:国家建设与基层治理变迁的历史图景 [J]. 公共行政评论,2010,03(4):111-140.

② 叶炜. 中国古代官僚等级制度研究——南北朝隋唐官吏分途研究 [M]. 北京:北京大学出版社,2009.

③ 瞿同祖,范忠信,晏锋. 清代地方政府 [M]. 北京:法律出版社,2011.

④ Sterba R L A. Clandestine Management in the Imperial Chinese Bureaucracy [J]. A-cademy of Management Review,1978,3(1):69.

⑤ 黄冬娅. 多管齐下的治理策略:国家建设与基层治理变迁的历史图景 [J]. 公共行政评论,2010,03(4):111-140.

⑥ 黄宗智. 集权的简约治理——中国以准官员和纠纷解决为主的半正式基层行政 [J]. 开放时代,2008(2):10-29.

维系的半正式人员①。因此，准官员与胥吏的主要区别就在于前者是依附于官僚制的，而准官员则相对独立于官僚制。准官员一旦被县令批准任命，他们在很大程度上自行其是，县衙门只在发生控诉或纠纷的时候才会介入②。在当前，此类准官员大致包括城乡基层治理中的社区干部、村组干部。

本书主要讨论的非正式官僚是指依附于官僚组织中的编外人员。根据《中华人民共和国公务员法》，正式官僚是指"依法履行公职、纳入国家行政编制、由国家财政负担工资福利的工作人员"。他们依照法定招考程序进入政府部门，拥有法定的身份、稳定的职业、固定的薪资与职业晋升的途径等。而非正式官僚则是依附于正式结构，游离于正式官僚之外，但却从事着公共事务的特殊群体，其公务行为又深刻地影响着国家治理的有效性，一如本书提及的警务辅助人员。

需要指出的是，尽管非正式官僚在中国古代源远流长，但却并非中国所独有。西方国家政府组织中同样存在着大量的非正式官僚。与中国传统的非正式官僚的发生逻辑不同的是，它们更多的是对私人企业经验的借鉴。这一类人员通常被称之为非典型雇佣。非典型雇佣始于私人企业中的临聘人员，它是在经济不景气的背景下，企业为控制劳动力成本，调节其劳动力需求以适应变化的市场环境而雇佣的临时人员，包括兼职人员、临时工、自我雇佣者、外部合同工以及居家工作者等。这一非典型雇佣模式后来为政府所借鉴，以期降低行政成本，提高行政效率。

---

① 黄宗智. 集权的简约治理——中国以准官员和纠纷解决为主的半正式基层行政[J]. 开放时代，2008（2）：10-29.

② 黄宗智. 集权的简约治理——中国以准官员和纠纷解决为主的半正式基层行政[J]. 开放时代，2008（2）：10-29.

第二节 非正式官僚的传统与现代

当前各级政府中日益增长的编外人员与传统治理结构中的胥吏具有内在的历史延续性,二者之间既有内在的一致性,也有因时空变迁带来的差异性。如何有效地使用和管理非正式官僚一直是一个悬而未决的问题,而对这一问题的回答的前提是厘清非正式官僚的内涵与外延。为此,本书试图从组织学的角度,包括组织任务、组织结构、组织成本、组织权力、组织保障、组织绩效、组织控制等方面对中国传统社会与当前社会中的非正式官僚做一个比较,进而为非正式官僚的后续研究奠定基础。

一、传统与现代非正式官僚的共性

1. 非正式官僚存续的制度环境:缓解治理负荷与治理绩效之间的张力

传统治理结构中胥吏之广泛存在的组织基础在于国家治理负荷与治理绩效之间的张力。中国社会历史上形成的区域性差异、多民族的文化差异、经济发展不平衡、地理气候资源在区域上的分布差异等加重了国家治理的负荷和困难。在这个意义上,中国的国土规模和人口数量可以说是国家治理所面临的无时不在的一个约束条件[①]。信息技术的匮乏、交通不够发达以及农业社会所能供给的有限财政等现实约束使得国家正式权力难于触及基层社会,进而实行集权而简约的治理,亦即通常所说的"皇权不下县,县下皆自治"。为了缓解治理负荷与治理绩效之间的压力,广泛使用胥吏成为各级地方政府不得已而为之的选择,这也是传统中国何以依靠一个规模较小的官僚组织而得以维持帝国超稳定结构的重要因素。

---

① 周雪光. 国家治理规模及其负荷成本的思考 [J]. 吉林大学社会科学学报,2013 (1):5-8.

在当下的中国社会，尽管信息技术和交通技术的极大提高为国家权力渗透到基层提供了便利，然而，国家仍然面临着治理负荷与治理绩效之间的内在张力。随着经济社会的发展，社会转型所带来的维护社会稳定的压力与日俱增。以 S 市为例，该市人口密度大，流动人口年均超过 60%，各类警情逐年攀升，其中 110 指挥中心日均接警 1.8 万人次。而与之相对应的警力供给严重不足，正式的政法专项编制不足 2 万人。同时，受制约国家层面关于人员与经费的约束，增加警力已经不可能。在治安压力与资源供给不足的双重约束下，S 市各级公安机关大量招聘使用警务辅助人员。根据 2014 年的统计，该市警务辅助人员约为 4 万人，这一规模巨大的非正式官僚群体极大地缓解了公安机关任务增长与资源供给不足的压力。

2. 非正式官僚的基本特征

非正式官僚虽然从事着公职，但却并非官府中人。他们与正式官僚最根本的区别就在于不能获得正式制度的薪酬保障和职业激励。身份卑微、地位低下、薪酬低廉等构成了非正式官僚的基本特征。

Sterba、黄仁宇、孔飞力、瞿同祖、魏丕信、胡恒、周雪光等人对传统治理结构中的胥吏特征都做了极为翔实的论述。总的来说，胥吏大多出身贫寒而清白的家庭，且社会地位非常低，甚至连农民都不如，如衙役们通常受到士绅与百姓的歧视。他们不仅不被允许参加科举考试，而且没有职业薪俸，没有正常的晋升渠道，但从事的却是与民生休戚相关的工作。

胥吏群体的上述特征事实上在当前政府中的编外人员身上同样存在。以 G 省为例，第一，经济欠发达地市公安机关中的警务辅助人员几乎全部来自本地，即便是经济发达的 S 市，本地户籍人口也高达 82%。第二，警务辅助人员受教育程度普遍不高，绝大多数为高中以下学历。第三，薪酬待遇普遍偏低，大多数警务辅助人员的薪资集中在 3000~4000 元，略高于当地最低薪资水平，尽管其薪酬部分来自财政拨款，但经费仍然难得得到有效保障，M 市甚至出现欠薪的情况。第四，缺乏职业激励。2014 年笔者对 G 省警务辅助人员的职业满意度调查发现高达 44.8% 的警务辅助人员对职业前景满意度不高。第五，工作压力大。由于治安任务的增长与有限的警务辅助人员编制，他们日均工作时长高达 10 小时。来自其他政府部门的编外人员也同样呈现出上述特征①。

可见，作为非正式官僚的警务辅助人员在身份特征上与胥吏具有内在的一致性，他们虽然没有正式的编制，但却承担着重要且繁杂的基层公共事务。他们大都以本地为主，熟悉本地风土人情，便于开展工作。他们同处社会底层，工作负荷大。

3. 控制的弱化

作为国家治理重要组成部分的非正式官僚虽然被排除在正式的人事制度安排之外，但并不意味着国家对其放任自流。相反，为了有效地使用和管理这支力量，国家为其设计了相应的制度安排，只是在实践层面上并未对其达成有效的控制。

瞿同祖在其《清代地方政府》一书中翔实地阐述了包括书吏、衙役、长随、幕友等在内的非正式官僚的基本职能、经济待遇、招募录用、服务期限、监督控制等制度设施。如书吏的主要职能是草拟公文、填制例行报表、填发传票、整理档案等；衙役的服务期限为三年等。然而遗憾的是这些制度更多的是一种虚设，对胥吏并没有严格意义上的约束性，尤其缺乏对胥吏配置的数目、类别和激励方面的规定②。世袭罔替完全打破了任期的规定。在实践层面上，真正支配胥吏行事的仍然是各种非正式的规则，比如国家和正式官僚对各种陋规的默认，胥吏需要向官员送规费，同时也要收礼。

当前公安机关中的警务辅助力量同样面临着这样尴尬的境地。在整个公安系统内，均没有形成一套行之有效的警务辅助人员管理制度。2014年笔者在长三角、珠三角等地公安机关的调研资料显示，各种相互不兼容的警务辅助人员的"土办法"为使用和管理警务辅助人员带来了极大的困扰。调研还发现，在如何有效管理警务辅助人员上，下级公安机关表现出一副坐等上级制定统一管理办法的姿态，以期获得尚方宝剑，一劳永逸。而上级公安机关则希望下级公安机关加大警务辅助人员管理制度的创新，以便从下级的创新

---

① 刘建军，马彦银. 从"官吏分途"到"群体三分"：中国地方治理的人事结构转换及其政治效应 [J]. 社会，2016（1）：76-98.

② 周雪光. 从"官吏分途"到"层级分流"：帝国逻辑下的中国官僚人事制度 [J]. 社会，2016，36（1）：1-33.

制度中提炼出普遍性的制度安排。这样一个上下博弈的过程使得对警务辅助人员的管理形成了一个上级有权威但无制度，下级有制度但无权威的真空地带，客观上造就了警务辅助人员管理的失范与失序。

此外，一个有趣现象是：不论是传统还是现代的非正式官僚都处于无组织的状态。在传统治理结构中，胥吏表面上与州县官共进退，他们与地方官员之间是一种相互依赖的私人性质的关系。此外，为了避免地方官员在地方坐大，朝廷对官员的回避与任期都做了强制性的规定。官员每到一处，都必须且只能依赖于熟悉本地风土人情的胥吏来治理地方。地方治理上的人事安排呈现出"流动的官"与"固守的吏"的特征。而这些"固守的吏"尽管都依附于正式的官僚组织，却没有形成或建立自身的严密组织体系。当前各级政府组织中的编外人员与正式官员之间虽然在制度安排上并不具有人身依附关系，但不少警务辅助人员与警察之间仍然具有一定的特定关系，如有些警务辅助人员是警察的家属、亲属或同乡等。除了少数公安机关如北京、苏州、上海等地外，大多公安机关都没有一个正式的警务辅助人员管理机构。可见，作为非正式官僚的警务辅助人员在总体上仍然处于一个有制度无组织的管理状态，而这一点在很大程度上导致了非正式官僚与组织绩效之间的悖论。

4. 绩效悖论

如上所述，非正式官僚之存续在于缓解治理负荷与治理绩效之间的张力。然而，非正式官僚究竟在多大程度上达成了这一目标，却是一个难于回答的问题。从已有的研究来看，存在着两种相互对立的观点：一方面，非正式官僚确实在缓解二者之间的张力上起到了不可或缺的作用。在国家权力干预严重短缺的基层，胥吏基于其对风土人情、地方关系网络和行政技巧的熟稔有效地弥合了文官的行政技术缺陷，调试了中央一统体制与地方多样性之间的矛盾，从而维护了国家的稳定和持续。另一方面，官与吏的群体分离制造了组织内在的紧张。胥吏虽然地位低下但大权在握，而且几无制度约束[1]。由于委托-代理结构中严重的信息不对称、地方关系网络及其胥吏群体的稳定等

---

[1] 周雪光. 从"官吏分途"到"层级分流"：帝国逻辑下的中国官僚人事制度 [J]. 社会，2016，36（1）：1-33.

方面的原因，胥吏把控了地方政府的实质权力，在行政外包的情形下拥有高度的自由裁量权而恣意妄为。换言之，帝制中国到处充斥着腐化情形，虽然是肇因与各阶层官员的共谋，不过其主要祸却是基层的胥吏，他们比别人更有机会，而且更能够大规模地为私人目的而改变、扭曲和破坏行政程序，甚至蒙骗、胁迫上司，以达成以权谋私、贪赃枉法的目的①。整个胥吏阶层的贪婪腐败是普遍的，是不言而喻的②。在清末民初各类胥吏性质的"经纪人"甚至形成了以压榨乡民利润的"营利性经纪"，并导致了国家政权的内卷化，极大地降低了国家治理的有效性。

当前公安机关中的警务辅助力量在维护社会治安，降低行政成本，提高行政效率方面起到了不可或缺的作用。S市一位市局领导坦言，如果没有这支力量，公安机关的日常运转都成问题。从行政成本上看，一名民警一年的人头费可以供养三个警务辅助人员，这不仅明显增加了警力，而且有效地置换了警力。另一方面，警务辅助人员的增长导致了政府公职人员的隐性膨胀，助长了政府的官僚主义并陷入"帕金森定律"的怪圈，进而带来各种风险，如制度风险、国库风险、协助执法风险、公众满意度风险、政府公信力风险。警务辅助人员规模庞大、管理失范的问题十分突出，严重损坏政府形象。作为次级代理人的警务辅助力量因缺乏相应的制度激励和保障，违法乱纪现象时有发生。正式警察与警务辅助人员除了编号、徽章外大体相似，大多社会公众并不能对其进行有效识别，警务辅助人员冒充警察随意吃拿卡要的情形较为普遍。更有甚者，正式警察与警务辅助人员共谋的情形也不少见。在没有交通监控的地段，交警拦截违规行驶的司机，示意其将车停到不远处的协警旁边，协警向司机提出罚款100元，可以不扣分（按交通规则应罚款200元，扣2分）。在两害相权取其轻的情形下，司机对这一利好往往是赶紧交钱了事。而协警索取的收入则与正式警察按一定比例分成。诸如此类的违法乱纪行为不仅导致了社会治安的进一步恶化，而且损害了公安机关的形象，甚

---

① Sterba R L A. Clandestine Management in the Imperial Chinese Bureaucracy [J]. Academy of Management Review, 1978, 3 (1): 69.

② 魏丕信. 十八世纪中国的官僚制度与荒政 [M]. 江苏：江苏人民出版社, 2006.

至侵蚀了地方政府的合法性基础。

二、传统与现代非正式官僚的差异

1. 有限政府与无限政府

传统治理结构中的胥吏所依附的是有限政府。中华帝国实行集权而简约的政府，不仅是中央权力受制于治理负荷难于向基层渗透，更重要的是农业国家职能简单且财政汲取能力有限。国家的实际活动只局限在少数一些领域，包括意识形态、平乱、维护国防、为支撑自身的税收、选择继位者、兴建公共工程，① 而地方政府的主要职能则是刑名与钱粮，亦即司法和税收，另外还包括户籍登记、治安、邮政、公共工程、公共福利、教育教化、祭祀等。即便是有限政府，但其文人精英的官员并不能有效回应各种行政事务，由此转而寻求体制外的胥吏来弥合治理负荷与治理绩效之间的鸿沟。由胥吏构成的"无形政府"在很大程度上解释了中华帝国何以维持较小规模的官僚集团而实现超稳定的结构的重要原因。

与胥吏之产生受客观治理负荷影响不同，当前各级政府中的编外人员几乎是主观上自我强化治理负荷的无限政府的产物，即整个国家和社会公共事务都为政府所统揽。自中国共产党执政以来，在原有士绅、宗族基层治理体系瓦解的基础上，通过党的组织建设和政权建设，国家权力全面渗透到基层。而经济的发展、技术的进步为政府包揽几乎所有的社会公共事务提供了资源支持。以公安机关为例，其职能涵盖了"预防、制止和侦查违法犯罪活动；维护社会治安秩序，制止危害社会治安秩序的行为；维护交通安全和交通秩序，处理交通事故；组织、实施消防工作，实行消防监督；管理枪支弹药、管制刀具和易燃易爆、剧毒、放射性等危险物品；对法律、法规规定的特种行业进行管理；警卫国家规定的特定人员，守卫重要的场所和设施；管理集会、游行、示威活动；管理户政、国籍、入境出境事务和外国人在中国境内居留、旅行的有关事务；维护国（边）境地区的治安秩序；对被判处拘役、

---

① 李侃如. 治理中国：从革命到改革 [M]. 北京：中国社会科学出版社，2010.

剥夺政治权利的罪犯执行刑罚；监督管理计算机信息系统的安全保护工作；指导和监督国家机关、社会团体、企事业组织和重点建设工程的治安保卫工作，指导治安保卫委员会等群众性组织的治安防范工作"等。可见，公安机关维护社会稳定的无限责任加剧了其治理负荷，但在中央政府严格控制人员编制和财政支出的约束下，各级公安机关大量使用警务辅助人员的逻辑与传统治理结构对胥吏的依赖是一致的，不同的是政府职能的有限与无限之间的差别。

2. 分途与合流

官僚制结构中的非正式官僚与正式官僚虽然都同属公职人员，但因身份不同而分属于不同的人事制度安排。在传统与现代之间，非正式官僚与正式官僚的关系各自呈现出分途与合流的特征。

官吏分途是传统治理结构的基本特征之一。如上所述，受帝国的辽阔疆域，多元民族构成，不同区域在经济、文化、社会组织上的千差万别以及昂贵的治理成本等方面的约束，加之技术手段不足，国家税收管理力不从心，从而加大了国家的治理负荷。在治理资源供给不足的情况下，自魏晋南北朝以来逐渐形成了帝国官吏分途的人事制度安排。官吏分途不仅仅是身份的分殊，更是政治与行政的分裂。九品中正制，尤其科举制造就了一支崇尚文化，缺乏行政技能的极具排他性的官僚精英集团。通过科举进入仕途的官僚所关心的是读书著述、诗文应酬，以及士大夫之间的交往。而对于政务，不过只是观念性地主张治世的精神和德化的理想而已。对于官员来说，比薪俸更重要的是因公职而享有的声誉，以及在公余之暇，仍有机会追求文人雅士的生活[1]。政治官员与文化精英的双重身份使贵族化的官僚阶层不屑于具体行政事务，甚至对胥吏之流嗤之以鼻[2]。而胥吏大多出身自贫穷而清白的家庭，且社会地位非常低，甚至不被允许参加科举考试，几乎没有职业薪俸，没有正常的晋升渠道。他们虽然没有受过正式教育，但他们却能够靠自己的努力学得

---

[1] Sterba R L A. Clandestine Management in the Imperial Chinese Bureaucracy [J]. Academy of Management Review, 1978, 3 (1): 69.

[2] 孔飞力, 陈兼, 陈之宏. 中国现代国家的起源: Origins of the modern Chinese state [M]. 三联书店, 2013.

工作所需的基本文书和算数技能……他们之所以能在制度中操控自如，显然是有效地掌握了应用心理学的原理，而且对当时的政治气候有通盘的了解①。由此可见，官吏分途在一定程度上导致了国家治理中的政治与行政的分裂。

中华人民共和国成立以来，随着党和国家对社会的全面管控的介入，政治与行政的水乳交融的局面使得各级政府同时面临着政治风险与行政成本两方面的治理压力。转型社会所带来的治理风险以及对行政效率的诉求进一步增加了公安机关的治理负荷。不论是政治警察还是警务辅助人员，都担负着政治与行政的双重任务。为了实现风险可控的同时提高行政效率，不少公安机关都对警务辅助人员履行公职做出了明确的规定，其中最为突出的是警务辅助人员没有执法权，警务辅助人员必须在正式警察的指挥下履行职责。此外，为了有效地使用和管理警务辅助人员，苏州、北京、广东等地的公安机关已经开始着手探讨如何把优秀的警务辅助人员吸纳为正式民警。政治与行政的融合，进入体制的制度探讨等表明非正式官僚与正式官僚之间不再是传统治理结构中的分离，而是越来越多的融合，警务辅助人员除了身份和涉及执法、保密的任务外，几乎与普通正式警察没有什么区别。进一步讲，在中国基层政府治理群体的差序格局中，雇佣群体（非正式官僚）拥有了转化为官僚群体与派生群体（事业单位的准官员），而派生群体也有机会进入到官僚群体的层级分流序列②，这在一定程度上打通了非正式官僚与正式官僚的身份和组织界限。

3. 逆财政与软财政

财政经费是官僚制得以运转并有效履行公共职能的基本保障。传统治理结构中胥吏与当下各级政府中非正式官僚的经费保障机制各不相同，前者是逆财政，后者是软财政。

逆财政是相对于正财政而言的。一般情况下，官僚制运转经费是由国家财政预算划拨的，官员的薪俸也是按照制度规定给予财政保障的。周雪光把

---

① Sterba R L A. Clandestine Management in the Imperial Chinese Bureaucracy [J]. Academy of Management Review, 1978, 3 (1): 69.

② 刘建军，马彦银. 从"官吏分途"到"群体三分"：中国地方治理的人事结构转换及其政治效应 [J]. 社会, 2016 (1): 76-98.

基层政府基于官员晋升激励在信息不对称条件下实现短期政绩而在其管辖区域内向下属单位和个人摊派各种税费捐款行为称之为逆向软预算约束[①]。这一概念强调的政府在难以获得足够的上级财政拨款支持转而向下级或民间摊派以汲取财政资源的行为。在这一概念的基础上，我们提出了非正式官僚的逆财政保障机制。作为非正式官僚的胥吏几乎没有法定财政收入，没有正常的经费预算和决算制度，其所得以生存和履职的经费主要来源于州县官、胥吏的各种陋规收入，以及胥吏对百姓的压榨和盘剥，我们将这一经费保障机制称之为逆财政。孔飞力在其《叫魂》中对蔡捕快捉拿涉嫌妖术的游方僧的极尽刁难、构陷和敲诈以获得好处[②]，深刻地诠释了胥吏逆财政保障机制的运作逻辑。

当前各级政府机关中的非正式官僚的经费保障则体现为软财政。在地方政府职能扩张和编制严格受限的情况下，地方政府存在着不受财政部门和人大立法机构控制、主要受经费使用部门和地方主要负责人影响的财政支出行为。这种地方软财政支出，正是编外人员得以扩张的重要原因[③]。调研资料显示，除少数公安机关警务辅助人员经费实行财政包干外，绝大多数公安机关警务辅助人员的经费都是通过多种渠道获得的，其中部分经费来自财政支出，部分来自使用部门自筹，甚至来自罚没性收入。与传统治理结构中的胥吏经费逆财政保障机制不同，警务辅助人员的经费部分地获得了正式财政的支持。

4. 行政外包与不完全行政外包

在传统治理结构中，州县政府的所有职能都由州县官一人负责。分配到地方的一切权力都无可分割地被确定为州县官这一职位的独享权力。"一人政府"之下再无官员，州县行政事务主要依靠胥吏完成。周黎安基于对传统中国国家治理的分析提出了行政逐级发包的内在逻辑。然而非正式官僚并不具有正式官僚的身份，从中央到地方的行政发包制并不适用于州县官与胥吏之

[①] 周雪光."逆向软预算约束"：一个政府行为的组织分析[J]. 中国社会科学，2005（2）：132-143.

[②] 孔飞力，陈兼，陈之宏. 中国现代国家的起源[M]. 上海：上海三联书店，2013.

[③] 叶静. 地方软财政支出与基层治理——以编外人员扩张为例[J]. 社会学研究，2016（1）：146-167.

间的履职行为。在具体的行政事务上，州县官将行政事务分包给书吏，书吏如同"官衙事务的承包人"，书吏再将纳税、徭役和治安等全部外包给了胥吏，即行政外包制。在宫崎市定看来，胥吏是一个垄断性的政府事务承包人。胥吏官衙之内履行公职，他们是州县官行使权力的走卒或工具，直接对州县官负责，但事实上又处于体制之外，是属于政府事务的外部承包人。周黎安将其称之为行政外包，即承包者履行政府职能，但人事体制外的没有体制内的仕途前景的激励和约束，换来的纯粹是市场化的激励①。行政外包所带来的问题是对作为次级代理人的非正式官僚控制困难的问题。

当前各级政府中的非正式官僚则并不是按照行政外包的逻辑行事的。在政治风险的刚性约束下，行政事务已不可能外包给非正式官僚。公安机关中的警务辅助人员所从事的仅仅是非涉密、非执法的辅助性工作，并且大多公安机关都规定警务辅助人员不能单独执行公务。这就形成了不完全行政外包的组织治理结构②。不完全行政外包横跨了组织的边界，既有科层组织的成分，又有行政外包的成分。如警察执法过程中，执法工作由警察负责，而与该执法事件相关的外围工作则由警务辅助人员来实施。

在各级政府大量使用编外人员的背景下，本书从组织学角度比较了传统与现代治理结构中的非正式官僚的共性与差异。就共性而言，传统治理结构中的胥吏与当前的政府部门中的编外人员都是治理负荷与治理绩效张力的产物；从群体特征上看，他们都是身份低下、地位低贱、薪酬低廉的群体；从组织控制上看，有形式无实质的制度安排经进一步强化了非正式运作的逻辑，使得官僚的组织绩效呈现出内在的冲突。就其差异来说，由于历史时空的变迁，传统治理结构中的胥吏与当下各级政府中的非正式官僚又有着本质的区别。首先，传统治理结构中的非正式官僚所依赖的是有限政府，有限政府既是他们存续的组织基础，更是他们行事的平台；第二，古代胥吏与正式官僚之间因体制分殊而导致了政治与行政的分离，而当前政府中的非正式官僚越

---

① 周黎安. 行政发包制 [J]. 社会，2014，34（6）：1-38.
② 倪星，郑崇明. 非正式官僚、不完全行政外包与地方治理的混合模式 [J]. 行政论坛，2017，24（2）：40-46.

来越表现出与正式官僚的融合；第三，古代胥吏生存与行事所依赖的是逆财政保障机制，而当前政府中的非正式官僚的经费源于软财政保障机制；最后，胥吏遵循行政外包的逻辑行事，而当前政府中的非正式官僚则按照不完全行政外包的逻辑履行公务。

第三节 不完全行政外包

正式官僚与非正式官僚虽然分属截然不同的人事制度安排，但其从事的却都是公共事务。这实际上涉及公共产品与公共服务的供给主体的问题，即究竟是组织内部主体供给还是外部主体供给。内部供给主要是行政发包制，外部供给主要是契约外包制。换言之，行政发包制与契约外包制是按照组织边界来划分的，而对于跨越组织边界的地带，则是不完全行政外包所讨论的范畴。不完全行政发包是一种包含了行政与外包的混合结构，其理论建构源于行政发包制与契约外包。

行政发包与契约外包都是具有明显组织边界的治理模式。关于组织的边界，新制度主义经济学以交易费用为判别依据。按照威廉姆森的观点，交易费用决定了产品是组织内生存还是组织外生产，即组织边界的问题，由此形成了科层与市场的组织形式。针对人们对这两个极端的组织形态，威廉姆森提出了介于二者之间的混合制结构，即治理结构中科层与市场的中间形态。尽管这一思路并不能直接运用于公共组织，但却为区分公共组织的边界及公共服务的供给主体提供了分析思路。在公共服务供给模式中，科层制与契约外包处于组织边界的两个极端，行政发包制则是融合了科层与部分市场要素的混合制结构。科层制、行政发包制与契约外包制的公共服务治理结构如图9-1所示。

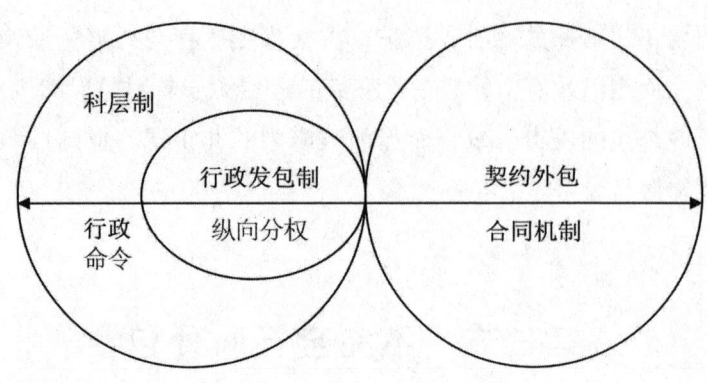

图 9-1　组织边界与治理结构

由图 9-1 可知，组织的边界是非常明显的，治理结构完全分属在组织边界的两端，即便行政发包制被视为与科层结构相对应的一种治理模式，但其在总体上仍然是科层的，科层制仍然是其运行的基本载体，它是在科层制的形态下植入了外包的成分。更准确地说，它是以科层制为母体的组织内部的纵向发包。至于公共服务的契约外包，则完全是依照市场的逻辑来运行。需要指出的是，在新公共管理理论中，契约外包并不是严格依照交易费用的分析思路，而是看中了私人组织的效率机制的运用。

然而，实践层面的治理结构并不都能纳入上述几种模式当中。新公共管理中的公私合营实际上就跨越了组织的边界，形成另外一种混合治理结构。本书所关注的公共服务由正式官僚与非正式官僚共同提供的情形也是这种跨越组织边界的治理结构，如图 9-2 所示。

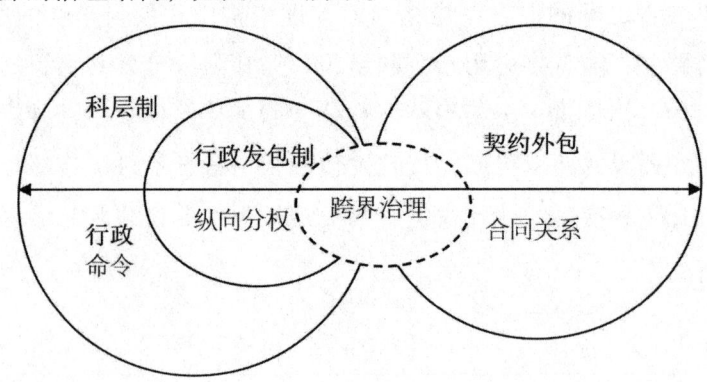

图 9-2　跨越组织边界的混合治理范围

这一治理结构的思路与周黎安的观点是一致的。他认为国家与社会不存在任何鲜明的边界，而更多地表现为一种连续的发包序列：从"行政内部发包"到"行政外包化"，再到"政府外部发包体系的行政化"。而本研究所要谈论的正是处于中间位置的跨越组织边界的不完全行政外包及其代理人控制的问题。因此，在科层到市场的连续治理结构中，跨界治理是一个非常值得关注的问题。跨界治理实际上就是融合了科层与市场的要素。然而，跨越治理却未能得到足够的关注，而这正是本书所要讨论的问题。不同的治理结构有着不同的公共服务供给主体。在科层制与行政发包制中，主要依靠正式官僚；在契约外包中，主要依靠市场主体；而在不完全行政外包治理中，则同时融入了组织内外的主体，即本书谈论的正式官僚与非正式官僚，在运行机制上既有行政命令又有合同机制。表9-1呈现了科层制、行政发包、不完全行政发包与契约外包的基本特征。

表9-1 不同治理类型及其基本特征

组织类型	科层制	行政发包	不完全行政外包	契约外包
组织界线	组织内	组织内	跨越组织边界	组织外
组织权力	高度集权	内部纵向分权	部分科层分力+部分外部分权	外部横向分权
运行机制	行政命令	行政命令	部分行政命令+部分合同机制	合同机制
供给主体	正式官僚	正式官僚	正式官僚+非正式官僚	外包主体
委托-代理	纵向委托-代理	纵向委托-代理	不完全委托-代理	横向委托-代理
代理人控制	正式结构	正式结构	外部正式化	合同约束

任何理论都有其适应范围，与科层制、行政发包和契约外包等治理结构不同，不完全行政外包理论是一种跨越组织边界的混合治理结构，其适应范围主要涉及政治风险与行政成本两个维度。具体而言，主要适用于政治风险可控前提下降低行政成本的情形。图9-3呈现了不同治理结构的适应范围，其中不完全外包的范围处于政治风险高和行政成本低的区域。

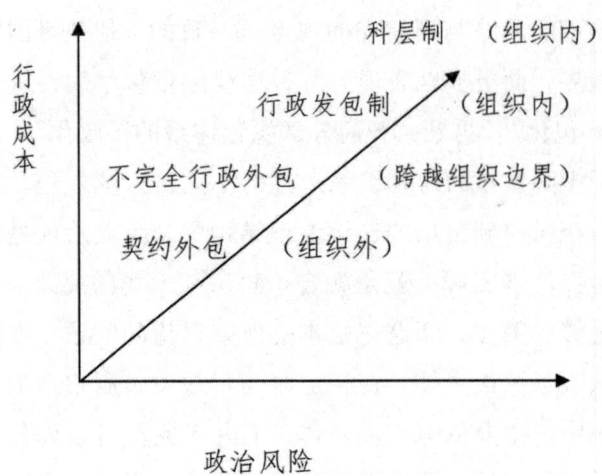

图 9-3　不完全行政外包的适用范围

由图 9-3 可知，政治风险越高，则越不能采取外包的治理结构，即便行政成本也非常高。但在政治风险可控的情况下，公共服务可以采取部分外包，即在科层总体控制的前提下灵活使用合同机制。如果不考虑政治风险，或者政治风险较低，则可以通过完全的契约外包方式来提供公共服务。

第四节　一个案例分析

不完全行政外包适用于政治风险可控前提下的部分服务外包，并能实现对非正式官僚的控制。为了更好地阐述这一治理结构，下面以 S 市公安机关对警务辅助人员的规范管理为例进行阐述。

S 市是珠三角经济发展令人瞩目的副省级城市，经济的发展深刻地改变了 S 市的社会结构。目前，S 市正处于经济社会发展进入转型升级的关键时期，各种社会矛盾频发。近年来，S 市各级公安部门都面临着严峻的反恐压力，出警处是公安机关的重要部门。在城市化进程中，治安维稳压力不断增大，公安机关面临着前所未有的治安压力。S 市人口总量高达 1815 万人，人口密度为 1 万人/平方公里，户籍人口与流动人口比例为 1∶5。每年人口变动超过 60%，年均增长约 100 万人。这样一来，公安部门面临的管理难度非常大，单是出租屋就有 500 万套。据统计，2011 年以来的接报警数为 550 万起，公安机关面临着前所未有的治安压力。另一方面，为降低行政成本，本届中央政府不再增加人员编制和财政支出。这就意味着公安机关不能获得更多正式的警力和财政支持。在这一双重约束下，公安机关大量使用警务辅助人员，以期置换警力，降低行政成本，缓解治安压力。

警务辅助人员属于行政编制之外的社会人员，在行政晋升序列之外，但在实践中又常常体现为在警察的指导下开展工作，形成一种实质意义上的领导与被领导的关系，这就使得警察的执法权限在操作层面上的难以界定，进而导致了其违法乱纪行为的产生。换言之，在执行公务中，警察该干什么，警务辅助人员该干什么没有得到有效的区分。那么，如何来处理这一问题呢？这就需要从警务活动的政治属性与社会属性两个维度来进行分析。

公安机关的职能首先是政治属性。公安机关是人民民主专政的重要工具，其基本职能是维护国家内部秩序。因此，其政治属性非常明显。同时，随着现代国家的转型，公安机关服务社会的职能在不断增长，公安机关日益卷入到公共交通、户籍管理、出入境管理等社会性的公共服务中。因此，其职能又具有明显的社会性。从这个意义上讲，公安机关同时面临着政治风险与行政成本控制的问题，因此既要降低政治风险又要控制行政成本。

在组织行为意义上，公安机关从政治风险与行政成本入手，将公安机关的任务分解为核心任务与非核心任务，其中核心任务主要是指执法、涉密的任务，如刑侦、处罚、逮捕等，这些任务与政治风险密切相关，而非核心任务则主要是指非执法、非涉密的任务，如刑警大队的辅助技术人员主要工作是协助技术民警开展刑事技术工作，做好现场勘查的装备器材的准备、维护，现场勘验系统的录入及现场勘查材料档案管理等，并承担派出所 CCIC 信息录入系统；派出所的警务辅助人员主要是协助民警从事治安巡逻防控、窗口服务、内勤文秘等工作。这些任务的社会服务性极高，并与行政成本高度相关。

可见，公安机关按照政治风险与行政成本两个维度将警务活动加以相对分离，正式警察独立行使法定职责，而警务辅助人员则在警察的带领下参与协助处理各项非核心的警务活动，警务辅助人员没有独立处置执法、涉密警务的权力。从警察与警务辅助人员的职能可以看出，警务服务的供给主体既不是科层结构的，也不是行政发包制的，更不是契约外包的，而是行政与外包的混合体，即不完全行政外包。与行政发包相比，不完全行政外包溢出了组织的边界，警务辅助人员不在行政序列之内；与契约外包相比，不完全行政外包虽然有外包的成分，但警务辅助人员承担的职能并不是完整的，不是基于完整的任务或项目签订合同，而是基于劳动购买签订合同。换言之，警务辅助人员通过与公安机关签订的劳务合同长期承担被公安机关相对剥离出来的辅助性职能。在不完全行政外包中，行政机制与契约机制共同发生作用，但其侧重点各有不同，行政机制主要是政治风险的控制，严格把控执法与涉密任务，而外包机制则主要是非执法、非涉密的辅助性任务。这种不完全行政外包的方式跨越了组织的边界，是根据政治风险和行政成本两个维度来界定的。政治风险越高，则行政机制控制越强，外包程度越低；反之，则行政控制机制越弱，外包程度越高。具体到公安机关的职能部门，政治风险与行政成本所占据的比重也各不相同。如图9-4所示，交警支队、刑警支队、特警大队、机动训练大队、出入境管理处等部门政治风险控制的比重较大，行政控制也更强，而人口处、后勤保障处、行政服务中心、基础办等部门政治风险较低，主要考虑行政成本，部分外包的可能就越大。

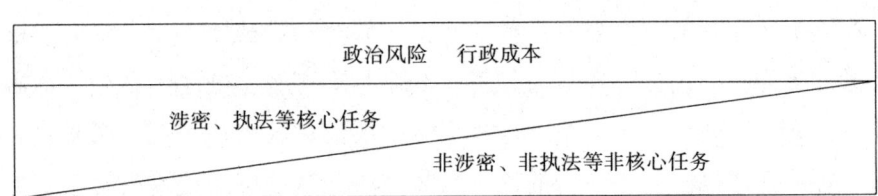

图9-4　公安机关职能部门的政治风险与行政成本权重分布

在不完全行政外包的治理结构下，公安机关有效地控制了政治风险，同时通过使用警务辅助人员协助公安民警巡逻、防控、维护治安秩序，对预防、发现、打击各类违法犯罪活动起到了重要作用，有效地置换了警力，缓解了治安压力。换言之，使用警辅人员是缓解社会治安形势日益严峻的有效手段。S 市警务辅助人员在 2013 年就累计提供治安信息或案件线索 58395 条，抓获犯罪嫌疑人 31874 人，在工作中挽回经济损失 17700 万元。S 市公安局某下属区分局警力不足 1000 人，但近三年来共出动警务辅助人员近 100 多万人次，协助处置各类上访事件 963 起，协助完成文博会、高交会等大型安保任务 836 次，参加"围村"专项行动 1050 次，协助打击"黄赌毒"行动 2960 次，协助共抓获违法犯罪嫌疑人 4209 人，其中刑事拘留 2047 人、行政拘留 2162 人。此外，其他警种的警务辅助人员如交警协管员在协助交通民警维护事故现场秩序，协助交通民警做好路面交通秩序，打击交通违法行为，协助交通民警做好交通安全法律法规宣传工作等方面都发挥了重要作用。总之，警务辅助人员的使用有效地置换了警力，推动了警力向一线下沉，一定程度上实现了警力的外延式增长，为维护 S 市的社会和谐做出了巨大的贡献。

但另一方面，警务辅助人员因与正式警察处于完全不同的人事制度安排，缺乏正式制度的激励与保障而引发了新的问题，其弊端难以克服。就 S 市警务辅助人员来说，一是工作时间长，工作负荷重。S 市局指挥部指挥科 110 指挥中心接警员实行四班两运转，白班 9：00—20：00，晚班 20：00—9：00，工作时长达 11 小时、13 小时，一个月上 8 天晚班，晚上只有 2~3 小时休息时间，指挥中心 28 名接警员每天要负责 11000 个电话，平均每人每班 392.8 宗，而省厅规定要在 3 分钟内接完一宗警情，且全年没有正常双休和节假日，几乎都是超负荷工作。二是薪资水平低。与工作时间、工作负荷极其不对应的是警务辅助人员薪资普遍偏低。访谈资料表明，S 市公安局某分局 110 指挥中心、出入境管理、刑警支队、网络警察支队、人口处、经侦大队、交警支队、预审监管支队等部门的警务辅助人员月平均工资均为 3000 元左右，除去社保，到手 2500 元左右，且没有夜班之类的其他补贴。警务辅助人员的薪资水平仅仅为该市当年最低工资的 1.5 倍。三是流失率大。较低的薪资水平无法保持警务辅助人员的稳定。大多警务辅助人员仅仅是将其作为寻找下一份工作的跳板。以 110 接警处为例，由于工作压力大、工资低，还要受到各方面的监督，如短信测评的监督、警情的质量抽查等，且大多数人看不到晋升的空间，流失率非常大。近一年来，分局辞工人员3040人，占77%，稳定性差。四是人员素质低。除去少数专业技术岗位具有大专以上学历外，如刑警大队的勘察员，大多警务辅助人员为高中学历。警务辅助人员的上述群体特征使得其在协助警察提供警务服务的过程中难以有效保证服务质量，甚至利用职务便利违法乱纪、危害社会。

总之，警务辅助人员由于难以获得正式官僚的制度性保障与晋升，他不是纯粹的官僚或官僚机构，最为重要的区别在于他不像正式官僚那样有稳定的薪俸，相反，他们的收入往往来自任务完成中的各种非法或国家所默认的各种"外快"。因此，警务辅助人员违法乱纪行为时有发生，严重影响公安机关形象，甚至造成严重的社会影响，带来新的不稳定因素。这一悖论使得地方公安机关需要重新审视组织中的正式官僚与非正式官僚之间的关系，寻求一个恰当的机制来规避警务辅助人员的负面性。

不完全行政外包中的正式官僚与非正式官僚实际上仍然是委托－代理的关系。公安机关中警务辅助人员的负面性所蕴含的是代理人失控的问题。在委托－代理分析框架下，委托人与代理人之间存在着信息不对称的问题，因此，在委托人给予代理人激励不足的情形下，面临着代理人失控的风险。在科层制与行政发包制中，组织中的纵向委托－代理依照正式的制度加以监控；在契约外包结构中，则主要根据合同标的所界定的权利与义务来约束代理人的行为。

与行政发包制和契约外包不同，不完全行政外包中的行政在组织结构上并不涉及警务辅助人员，但在警务活动的实践层面，警务辅助人员的警务活动是在警察的指导下进行，这构成了实质意义上的上下级行政关系。同时，不完全行政外包中的代理所指向的不是独立的任务事项，而是任务事项的一部分，并且是警务活动中的非执法、非涉密部分。因此，警务辅助人员与公安机关签订的合同是劳务购买合同，而非任务购买合同，并且警务服务是警察与警务辅助人员共同来完成的。因此，不完全行政外包中的外包部分难以通过契约外包的合同约定来测量警务辅助人员的产出并据此提供外包支付。公共服务产出测量的困难是公共部门采取弱激励的主要原因。由于警务辅助人员难以获得与正式警察同样的弱激励保障，其作为代理人失控的风险就成了公安机关必须思虑的问题。

为降低作为代理人的警务辅助人员的控制风险，公安机关采取了外部正式化的弱激励途径来强化对警务辅助人员的规范管理。为此，公安机关结合现代人力资源的相关要素并参照国家公务员制度出台了正式的警务辅助人员管理办法。警务辅助人员的正式化的基本目的是为确保依法合理使用警务辅助力量，规范管理警务辅助人员，保障警务辅助人员的合法权益，充分发挥其在协助公安民警维护社会秩序、打击违法犯罪、开展行政管理和服务人民群众方面的积极作用。具体而言，公安机关从警务辅助人员的职能、权利与义务、任职资格、招聘、录用、培训、考核、薪酬福利、晋升、监督、纪律与奖惩、退出等方面做了详细的规定，以此规避不完全行政外包中警务辅助人员的负面性。

以行政发包制、契约外包为理论基础演绎出了不完全行政外包的地方政府治理模式，并以公安机关中的警务辅助人员为研究对象阐述了不完全行政外包在地方政府治理中的组织行为。不完全行政外包是一种跨越组织边界的，融合了行政与外包要素的中间治理模式，适合于在政治风险可控的前提下，通过部分任务外包降低行政成本的情形，其发挥作用的关键在于通过对部分外包主体的正式化约束来达成对代理人的有效控制，从而降低了信息不对称带来的激励异化问题。

从历史的角度讲，不完全行政外包及其外部正式化是解决中华帝国传统意义上的胥吏失控的一个有益尝试。如上所述，尽管胥吏在维护地方稳定方面发挥着重要的作用，但其作为几乎不受约束的经纪人严重地恶化了地方治理的有效性。从身份、社会地位、薪资水平等方面来看，当下政府部门中的非正式官僚与胥吏极其相似。地方政府通过对非正式官员的外部正式化在很大程度上有助于规避古代胥吏的弊端。在正式官僚有效控制政治风险的前提下，非正式官僚在外部正式化的约束下从事一部分非核心任务，不仅大大降低了因信息不对称带来的代理人失控风险，而且节约了大量的行政成本。而这一点正是古代胥吏管控所缺失的。

从现实的角度讲，则是地方政府面临治理压力与资源约束悖论中的理性选择。维护社会稳定，促进经济发展是当下中国治理的政治逻辑。因此，地方政府的首要责任是政治责任，即维护社会稳定。然而在治理压力日益增长且在人员编制与财政支出严控的约束下，地方政府不得不大量使用编外人员来缓解这一张力，从而有助于提高组织弹性，降低行政成本。

从理论上讲，首先，不完全行政外包拓展了公共行政的研究视野，将非正式官僚纳入公共行政研究的视野内。长期以来，公共行政研究关注国家公职人员、科层组织，但对从事公职行为但又在科层组织之外的非正式官僚关注不够。在私人部门中，临聘人员被视为与组织绩效紧密相关的变量。但私人部门中的临聘人员与公共组织中的非正式官僚不同，私人部门中的临聘人员是典型的外包，而没有行政，且不用考虑政治风险的问题，所以减低成本、提高效率是私人部门的基本诉求。西方国家政府组织中也存在着大量的非正式官僚，然而，在其政治行政二分意义上，其非正式官僚并不涉及政治风险的问题，而更多的是行政成本。值得一提的是，西方国家政府组织中的非正式官僚多是志愿者行为，如美国、英国的警务辅助人员都是志愿者。

其次，不完全行政外包进一步细化了混合治理结构。与交易费用理论关于组织边界的思路不同，公共组织的边界并不是由交易费用来界定的，而是由组织内的晋升链条界定的。组织内部的晋升链条止于何处，组织的边界就在哪里。按照这一组织边界的界定，公共组织的治理模式从被划分为科层制、行政发包制、不完全行政发包制与契约外包制，其中科层制、契约外包制是视为组织内外的两个极端，而行政发包制、不完全行政外包制则是出于中间的混合治理结构。与行政发包制不同，不完全行政外包制是跨越了组织边界的混合治理结构。它在政治风险可控的前提下，将部分任务外包，并通过外部正式化来处理跨界公共服务供给的问题。

最后，非正式官僚与街头官僚的比较。在很大程度上，非正式官僚充当了街头官僚的角色。与街头官僚一样，非正式官僚也直接与社会公众打交道，拥有一定的自由裁量权。但非正式官僚与街头官僚也存在着本质的区别，即街头官僚是正式的官僚，具有一定的政策制定能力，而非正式官僚则只能从事外包的部分职能。本书无疑就二者之间的关系进行深入讨论，更多的是为后续研究提供一个思路。

当然，不完全行政外包这一治理结构也存在着其不足之处，其所面临的最大风险在于如何处理正式官僚与非正式官僚之间的关系。尽管正式官僚与非正式官僚均受到来自各自正式制度的约束,然而却面临着正式官僚与非正式官僚的"共谋"的问题,这显然不利于改善公共服务质量。

第十章 官僚制的效率逻辑

官僚制的效率是因场景而异的,即不同场景下官僚制的效率存在着明显的差异。非常规可测任务场景下的官僚制效率极高,常规可测任务情景中的官僚制效率次之,非常规不可测任务下的官僚制效率处于两个极端,要么很高,要么很低。在中国人事干部制度安排的约束下,隐藏在官僚制效率模型背后的是基于官员晋升的激励强弱逻辑结构。本章重点以一个典型的政治社会活动案例阐述了非常规可测任务下官僚制高效运行的行为逻辑。

第一节 研究问题与研究脉络

人们对官僚制低效率的抱怨已经不言自明。办个事要盖几十个公章;公职人员对单调枯燥的科层工作日益倦怠;尽管三令五申,但公文膨胀始终难以控制;在官僚制的铁的牢笼里,人们固守陈规,毫无生气。所有的现象都表明官僚制是如此的低效。的确,因其低效而引发的批判性文献已经汗牛充栋。自韦伯以降,作为一种理性的资本主义组织形态[①],官僚制从来不缺乏争论。官僚制是低效的吗?对这一问题的回答,学界一直存在着两种截然不同的观点,褒贬不一。官僚制的确在人类社会历史进程中发挥着不可替代的作用,但随着社会场景的变迁,官僚制日益成为低效率的代名词,单从字面上就直观地刻画了其低效的面孔。另一方面,尽管出现了虚拟组织、多中心治

---

① 马克斯·韦伯. 新教伦理与资本主义精神 [M]. 北京:群言出版社,2007,9.

理、后现代组织等理论对官僚制的批判，但实际上官僚制依然主导着社会的运行，正如人们对民主制度的评价一样，它至少不是最坏的制度。换言之，还没有出现一种普遍性的可以替代官僚制的组织形态。因此，官僚制是否低效不是一个轻易回答的问题。为此，本书试图从任务是否常规和任务绩效是否可测两个维度来建构一个官僚制的效率模型来回应这一问题。

近30年的公共行政领域见证了围绕官僚制展开的长期争论，尽管立场不同，但官僚制的反对者和倡导者都认同一个事实，即由韦伯提出的一套行政规范原则标志着旧的政府治理范式[①]。关于官僚制的基本内容，韦伯在其《支配社会学》中是这样表述的：“各部门有依据规则而来的、明确的权限；官职层级制与审计制，有一套明确制定的、官府间上下关系的制度；官职层级采取一元制支配形式；职务运作以文书档案为基础，职务活动通常都以彻底的专业训练为前提；职务活动要求官吏全力投入；业务的执行须遵照一般规则。”[②] 从纯粹理想的角度看，按照这种严格的标准，官僚制无疑是极具效率的，这实际上也是韦伯所描述的绝对理性状态和实践层面所追求的理想状态。

然而，实践层面的官僚制备受诟病，至少是绩效不佳、权力过多和压制个体的。"我们都乐意于'憎恶'官僚制"：这种对官僚体制的批评可以追溯到韦伯自身——第一个提出官僚制概念但并不热衷于官僚制的人，在韦伯以后，对官僚制的抨击一直没有停止过。"[③] 在某种程度上，几乎没有哪一种邪恶不可以算到它的账上，官僚制罕见地受到了所有政治派别的诅咒[④]。用米勒的话来说，官僚制代表着现代社会的所有不是。陈家浩从后现代哲学、政策分析以及公共管理学三个视角较为全面地梳理了西方学者对官僚制批判观点[⑤]。综观近三十年来对官僚制的研究，批判占据了研究的主流。当然，最终的焦点都聚集于官僚制的低效。然而，这些研究强于批判，疏于建设，更缺

---

① 李泉，孙宗锋. 当代官僚制范式观的误读与超越 [J]. 中国行政管理，2014，5：20.
② 马克斯·韦伯. 支配社会学 [J]. 西宁：广西师范大学出版社，2004：21-23.
③ 马骏. 西方公共行政学理论前沿 [M]. 北京：中国社会科学出版社，2004：80.
④ 戴维·毕瑟姆. 官僚制 [M]. 长春：吉林人民出版社，2005，1.
⑤ 陈家浩. 官僚制批判研究的新视角 [J]. 公共管理学报，2010：117-122.

乏操作性，这使得人们怀疑其批判是否是恰当的，或者说官僚制的低效率是值得怀疑的。

正是基于上述怀疑，持相反观点的学者开始为官僚制正名，尽管这听起来是件多么可笑的事情。Goodsell通过对考察公民从美国官僚制的感受和直接测量的绩效发现，市民根据对行政部门个别的、个人的经历做出的评价具有积极的态势。换言之，官僚的声誉与其实际所为之间有很大的落差，美国的政府机构和政府雇员以其声誉而言，工作极为出色，甚至促进了美国的民主。我们的政府部门确实在起作用，事实上，他们做得相当好。① 如果从社会整体来看，官僚制对社会的最大贡献就是它降低了不确定性。显然，为官僚制辩护者坚信官僚制高效率的观点。

官僚制是否低效并不是绝对的。事实上，我们在批判官僚制的时候隐含的前提是去场景化的，即高效的官僚制是一种理想状态，但实践层面的官僚制是根植于具体的场景中的，离开特定的场景来谈官僚制的效率难免有些荒唐。正如斯科特所言，人们对韦伯作品的误解之一就是对法理型官僚制结构核心特征的著名描述去情景化，将其从历史环境割离并视为现代行政方式的典型代表②。当人们对官僚制的研究聚焦于具体场景时，对官僚制效率的把握就大大增加了。塞尔兹尼克通过对田纳西河流域管理局（TVA）的研究表明个体与背景约束了组织目标的实现，即因目标置换导致官僚制效率的降低③。新制度主义者则更加强调思想观念、制度环境对组织的约束。组织不仅要追求适应的技术环境，而且受制于制度环境。基于对合法性的追求和生存发展的需要，组织的效率会受到制度环境的约束，特别是组织的合法性机制将挤占组织的效率机制④。正是对官僚制具体场景的关注极大地促进了公共行政知

---

① 查尔斯·T. 葛德塞尔 [J]. 为官僚制正名——一场公共行政的辩论，2007，14.
② 斯科特. 组织理论：理性，自然与开放系统的视角 [M]. 北京：中国人民大学出版社，2011：43.
③ Selznick P. TVA and the grass roots: A study of politics and organization [M]. Univ of California Press, 1949.
④ Meyer J W, Rowan B. Institutionalized organizations: Formal structure as myth and ceremony [J]. American journal of sociology, 1977: 340-363.

识的增长。

  国内20世纪八九十年代关于官僚制研究的一个典型的特点就是引荐西方官僚制理论，但却较少地从中国自身的特征探讨中国官僚制。值得庆幸的是，近年来，人们逐渐淡化研究中心的非中国化[①]，而更多地聚焦于研究的本土化，挖掘中国官僚制的特殊规律与经验。周雪光从组织社会学的角度探讨了中国基层政府间的共谋[②]、基层政府的逆向软预算约束行为[③]、中央政府的权威体制与地方政府的有效治理[④]、中国官僚制运作的正式与非正式行为[⑤]等，从而深刻地揭示了中国官僚制的运行逻辑；周黎安从晋升锦标赛[⑥]、行政发包制[⑦]等探讨了中国官僚制的历史传统与激励逻辑；渠敬东等把项目制作为一种国家治理体制引发了人们对中国官僚制的高度关注。这些研究深刻地解释了中国官僚制的运行密码，并在不同程度上刻画了中国官僚制的效率问题；此外，运动式治理也被视为一种打破常规的高效率的治理方式[⑧]。这些无疑是研究根植于中国语境，并呈现了中国官僚不同的效率形态。更进一步的研究则是从韦伯意义的官僚制与中国家产制官僚制进行比较。但这些研究呈现是零碎的，它们反映的是某一具体场景的官僚制效率状态，而非类型化的。因此，本书的一个主要目标就是以官僚制场景为基点，建构一个类型化场景中官僚的效率状态，并揭示不同类型场景中官僚制效率状态差异的激励结构。

---

  ① 马骏. 中国公共行政学研究的反思：面对问题的勇气 [J]. 中山大学学报（社会科学版），2006，3：73-76.
  ② 周雪光. 基层政府间的"共谋现象" [J]. 社会学研究，2008，6：2-21.
  ③ 周雪光. "逆向软预算约束"：一个政府行为的组织分析. [J]. 中国社会科学出版社，1994.
  ④ 周雪光. 权威体制与有效治理：当代中国国家治理的制度逻辑 [J]. 开放时代，2011，10：67-85.
  ⑤ 周雪光. 从"黄宗羲定律"到帝国的逻辑：中国国家治理逻辑的历史线索 [J]. 文化纵横，2014（5）：14-14.
  ⑥ 周黎安. 中国地方官员的晋升锦标赛模式研究 [J]. 经济研究，2007，7（36）：36-50.
  ⑦ 周黎安，王娟，周雪光，等. 行政发包制与雇佣制：以清代海关治理为例 [J]. 国家建设与政府行为研究文集，北京：中国社会科学出版社，2012.
  ⑧ 冯仕政. 中国国家运动的形成与变异：基于政体的整体性解释 [J]. 开放时代，2011，1：73-97.

第二节 理论模型与研究假设

官僚制是理性主义的产物，简单地说，是基于计算的结果。官僚制效率的高低需要工具的测量。成本收益是最为基本的评价指标。因此，官僚制是否具有效率从降低成本与扩大收益各个方面来衡量。一般而言，从成本方面来看，主要是人力资源、资金、信息、时间、制度等；从收益方面来看，主要是时间、满意度、公共性、公平性等。但由于不同组织的目标存在差异，因此，不同任务性质的官僚制的成本收益的测量也存在差异。在本书的研究视野内，我们以执行力作为衡量官僚制效率的主要指标，即在规定的时间内完成既定的任务。

詹姆斯·威尔逊注意到了这一点。他通过对美国学校、监狱、军队等典型官僚组织的研究，按机构目标的清晰程度和操作任务的工作观察到的程度，将组织分为四种类型，即生产型组织、程序型组织、工艺型组织和应付型组织。生产型组织是既能观察到工作人员的付出也能观察到他们的成果，这类组织因付出和成果都易观察，从而可以简化程序，提高组织的效率，比如邮政局、社会保障总署这样的组织；程序型组织是能够观察到投入但看不到努力的成果，比如医院、军队等组织；工艺型组织是不能观察到投入但能看到成果，比如联邦调查局、警察局等组织；而应付型组织是付出和成果都难以观察，比如学校。显然，不同任务性质的组织的效率是各不相同的[①]。据此，威尔逊认为不同组织的类型使用的激励手段各不相同。

实际上，威尔逊所阐述的四种类型的组织都可以简化为两个维度来加以刻画。第一个维度是组织的任务。从某种程度上来说，所有的组织都是任务型组织。因此，任务是官僚制最为基本的属性。按照单位时间内任务出现的

---

① [美]詹姆斯·Q. 威尔逊. 美国官僚政治：政府机构的行为及其动因[M]. 北京：中国社会科学出版社，1995.

频率，任务可以分为两种类型，即常规任务和非常规任务。在外部环境相对稳定的场景下，官僚制以承载常规任务为主。在中国官僚制组织中，常规任务主要体现为政府的各种工作报告中，具体表现为五年规划、年度计划，甚至季度、月度计划。简言之，常规任务是既定的、计划的。但外部环境并非一成不变的，因此，官僚组织还面临着突如其来的非常规任务。非常规任务是计划外的、突发性的，且大多是被动性的。第二个维度即任务绩效是否能够得到测量。这意味着完成情况不仅可以观察，而且能够得到测量，尤其是被测量后的反馈。因此，我们可以把任务绩效是否可测量分为可测量任务和不可测量任务。当然，组织任务并非绝对的可测量和不可测量两种类型，这两种类型实际上处于两个极端。

根据上述两个维度，我们可以建立一个官僚制的综合效率模型，如表10-1所示，即把任务是否常规和任务绩效是否可测量进行区别性组合，形成四种类型的官僚制效率状态，即常规可测任务状态、常规不可测任务状态、非常规可测任务状态、非常规不可测任务状态。同时把官僚制效率划分为低、中、高三个等级。这四种效率状态并不分属各自独立的组织类型，而是在大多情况下是兼具其中的某几种效率状态。

表10-1 官僚制效率模型

官僚制效率状态		任务是否常规	
		是	非
绩效是否可测量	是	（一）中低	（三）高
	非	（二）不存在	（四）低或高

第一种类型是常规可测任务的效率状态，这种类型下的官僚制效率是中等的，甚至是非常低的。为什么会是中低的状态呢？这主要是因为常规任务是惯例性的、重复的或反复的。这正是官僚机制中去人格化的表现，比如银行的综合柜员、机关办公室的文员，他们每天所做的事情几乎就是简单、机

械地重复几个动作。这种常规性的工作使得工作人员容易产生职业倦怠,甚至衍生出职业病。尽管其工作绩效可以得到测量,但其薪资几乎是固定不变的。不求有功但求无过就是其效率低下的体现。

第二种类型是常规不可测量的效率状态。实际上这种状态几乎不存在。因为常规性任务是计划性的、可预期的。从政府常规工作来看,有重点工作和非重点工作,其中重点工作的完成情况是要列入下一年度的政府报告中的,并且年度考核主要是围绕任务是否完成来设定考核标准的。因此,常规任务需要设置相应的测量指标。从这个角度看,常规不可测的效率状态几乎是不存在的。

第三种类型是非常规可测的效率状态。这种情况下的官僚制效率一般而言是非常高的。一方面,非常规任务可能扰乱常规任务的完成进度;另一方面,非常规任务往往是外部压力形成的,特别是来自政治层面的任务,比如重大的政治活动、外交活动等。为了缓冲非常规任务对常规任务的干扰,同时因其绩效可在短时间内得到测量,其效率可以说是立竿见影的。因为重大活动一旦结束,就可以从活动参与者的主观满意度来测量。当然,最重要的是政治活动主角的满意度。关于这一点,我们将在第五部分用一个典型的重大政治社会活动进行阐述。

第四种类型是非常规不可测的效率状态,即常规所说的风险管理。这种场景下的官僚制效率状态一般来说是非常低的,但也有可能非常高。现代社会是一个风险社会,不论是自然的还是社会的原因,突发性事件都可能随时发生。如上所述,官僚制最大的贡献就是降低了社会的不确定性。但也正因为如此,这个庞大而臃肿的机器难以适应剧烈变化的外部环境,因此,一旦发生危机,官僚制几乎难以做出迅速的应对,但也不排除高效率的情形,比如来自领导人的超凡魅力或适应性组织的快速反应。

由此,我们通过上述模型将官僚制的效率类型化和简化了。更进一步地说,当我们在判断官僚制效率高低的时候有了一个参照的分析框架,而不是一味地批判官僚制的低效或碎片化地呈现个案的效率,比如我们可以将项目制纳入常规可测的效率状态中,将运动式治理纳入非常规性可测的效率状态中。

第三节　一个典型案例分析

在官僚制效率模型中，非常规可测任务类型下的官僚制效率是最高的。由于观察的局限性，我们假定其他变量得到控制的前提下，以时间为中间变量，以此来观察官僚制模型的效率高低。其基本的假设是单位任务完成所花的时间越少，效率越高，反之则越低。这种效率更多地表现在执行力上。当然，其原因是官员获得晋升的概率最大。为了验证这一假设，我们从一个典型案例来加以阐述。

某高校某年某月接省政府办公厅电话，被告知一个月后将在该校举行重要的外事活动。该活动实际上包括两个方面的内容，一是 W 部主导的高规格外事活动，二是 W 委主导的"某宣传校园行"活动。其中"某宣传校园行"活动是由 W 委、F 委共同指导的，旨在通过有影响力的公众人物的参与和互动，广泛传播防治艾滋病、结核病的知识。H 大学为该项活动协办方，整个活动全程时间为 90 分钟，参加人员共有 800 多名。此次活动兼具政治与社会公益性质，属于较为典型的政治社会活动，然而这也是 H 大学史上最大的一次活动。

自接到 W 部电话起，H 大学领导层立即召集职能等部门召开活动专项部署会议，成立专项领导小组。书记校长亲自担任该项活动筹备领导小组正副组长，负责此次活动的总协调。同时强调统一全校的意志、汇聚全校的智慧和动员全校的资源，以高度的政治责任感、饱满的精神状态和坚决的执行力度，精益求精，全力以赴，确保活动每一环节的顺利进展；要求将工作层层分解、级级落实，确保每一个活动环节有人负责、有人跟踪、有人协调、有人解决实际问题，形成人人有任务、事事有人抓、件件有保障的工作机制。筹备活动主要涉及六个方面，即对外联络、安全保卫、会场保障、环境治理、文艺汇演和观众培训，分别由分管的副职领导负责，各副职领导再细分事项并确定牵头部门与倒排时间安排表，校办负责对各项工作的全流程督办。由于H高校没有承办过如此高规格的政治性活动,没有前期经验,同时,H高校基础设施较为陈旧。为此,校方要求集中力量筹备活动,日常工作除安排个别人员值守外,其余人员全部投入到筹备活动中。

各部门严格按照经上级部门批复的方案,全面推进安全保卫、会场保障、校园环境治理与艺术会演等工作。校办负责对外联络、对内协调和督办。对外联络主要是对接外交部、计生委、公安部以及省外事办等部门,一方面接收其工作指导,另一方面及时汇报筹备进展,特别是在筹备活动中遇到的问题与解决的方案要及时向上汇报。对内协和督办方面主要是根据校内各部门每天上报的情况进行汇总,随时电话或到现场办公,检查工作进度情况,协调多部门工作,比如礼堂设施的更新是基建处负责,礼堂的环境布置是后勤集团负责,因此,要严格根据时间进度表对其进行督办、催办,使之能够在时间上相互衔接。安全保卫工作由保卫处协助,其任务包括配合国家安全部门全面排查安全隐患,对活动场地方圆一公里范围内的水电气、易燃易爆物品进行全面安全排查和网络监测,并对存在隐患的地点提出整改方案,责任到人,每个细节都需要签字确认。划定安保责任片区,监测教职工、学生的舆论与言行,演练应急预案。礼堂设施更新方面,基建处、后勤集团按照既定方案对活动礼堂的主席台、会客厅、卫生间进行装修和布置,以及礼堂外围的植物花草的摆放,分管领导全日现场办公。文艺汇演由团委牵头,艺术学院负责,配合导演组舞蹈编排。在整个互动的筹备过程中,各上级部门不定期抽查,发现问题立即整改。截至活动前三天,筹备工作基本完成。剩下的时间一是迎接安全部门的最后检查,以查漏补缺,尤其是细节方面的问题;二是配合活动主办方进行实地演练。在前期精心准备的基础上,整个活动总体上按照规定的时间有序进行。

H大学协办的上述活动是非常规的,并且是一项重大的政治社会活动。当然,更重要的是活动任务是可测的。因此,这对于符合晋升条件的官员来说,是一次千载难逢的机会。既然如此重大的政治社会活动由H大学来协办,那么,就排除了其他同类官员的竞争性。从期待晋升的官员的角度来看,最重要的就是要向能够影响其晋升的有关人员发出信号。显而易见,这个信号就是圆满成功地办好活动。如果能够得到那些能够影响其晋升的人士的满意反馈，那至少其晋升的概率就大大增强了。而向上发出最佳的信号就需要通过官僚制结构来实现。

在整个活动的筹备和举办过程中，处处体现了现代官僚制的效率技术优势，并集中表现在执行力上。成立活动专项领导小组，严格按分管专业进行分工，细化任务，责任到人，格式化的流程管理、环环相扣、督办倒查、限期整改等。从纯粹技术的观点看，规范的科层化行政，组织可以达到最高的效率。

安全保卫工作最能体现官僚制的责任与分工特征。在如此重大的政治社会活动中，官员的最大心理诉求是获得来自上级领导的关注，以期获得晋升。但同时也有一个最低的责任底线，即不能出现任何丝毫的差错。一旦出了纰漏，就会被追责。因此，官员在活动筹备，特别是活动举行过程中最基本的底线就是不出问题。为此，H大学校方制订了严密的个人负责制，其中最重要的是安全保卫工作。一个具体的例子是校园的安全责任划分。活动当天安保总负责人由分管综治办的领导负责，按卫星实图标注具体道路，区分责任片区界限，并以不同颜色覆盖，由此形成由五位领导分别负责的责任片区图。安全责任片区图的绘制由专人负责，工作人员曾花一天半的时间反复修改直至H大学校长满意。由于活动当天校领导均入场参加活动，且不能携带任何通信工具，因此，责任片区由分管领导指派处级干部为执行责任人和工作人员组成片区执行责任小组，指定突发事件的第一联系人。当然，其他事项也是一样，每一个环节都要责任到人。

活动预演体现了官僚制非人格化的特点。从公务中排除个人情感，是保证公平和效率的前提条件活动。演练是活动筹备工作的最后一个环节，并且上级部门只给一次机会，只许成功。因此，需要对现场进行模拟。尽管正式活动只有一个半小时，但加上外围工作，实际时间需要四个小时，即从安检入场开始到相关贵宾离开H大学。在这四个小时中，每个环节的时间节点都精确到分钟，每个环节的事项都列出了表格。换言之，即严格按规定的流程行事，任何个人都不得擅作主张。如上所述，官员的晋升与上级的偏好紧密相关，而在这样一个重大的正式社会活动中，不管是哪一种心态，能够在重要人物身边露脸都可能为其带来某一方面重大预期收益，更何况是那些渴望晋升的官员。因此，活动筹备过程中"夹带私活"的可能也是可以预料的。据观察，某领导在预演排练中突然提出不符合既定程序的要求，这显然不符合官僚制的理性工具特性，它只能是非人格化的、程式化的结构安排，尽管其贵为领导，但也被否决了，只能按规定动作执行。

当然，活动筹办过程中所有的环节都有文字记录在册，所有的工作布置会、协调会等会议纪要都要参会人本人签字，并且以公文的形式下发。

不管怎样，H大学作为这一政治社会活动的协办方，至少在形式上，圆满地完成了这一重大任务。如上所述，开展官僚制组织的动力源于官员的晋升激励。在非常规可测任务下，官僚制的效率，尤其是执行力是最高的。究其原因，一方面是重大政治社会活动的压力，毕竟这涉及外事和社会公益活动。在压力型体制下，H大学官僚制结构中各个层级都集中资源来应对此次活动的协办。当然，更重要的是H大学领导层面面临着一个可能的晋升机会。H大学为省部共建重点大学，主要领导为正厅级，副职领导为副厅。从年龄结构看，在未来三年即将退休的有三位，且都在党口，其他领导均为"60后"。在中国人事干部制度中干部年龄约束的前提下，其晋升压力最大，与之相伴的是激励也最大。笔者在工作中也了解到，H大学的领导将这次活动看得极其重要。尽管该领导在年龄上并不占据优势，但各种迹象表明，在未来的时日里，该领导获得晋升的空间极具想象力。

从案例描述来看，高效率，尤其是高执行力的假设已经得到了验证。但接下来需要加以进一步验证的是，H大学是否在短期内有领导层面人事调整，即是否有人晋升或外调，如果出现这样的情况，并且能够观察到人事变动与此次活动具有紧密的相关性，那就非常完美了。当然，这一结果尚需时日，且如何判断人事变动与活动举办，尤其是来自上级部门的主观感知是否相关是比较困难的，但我们已经在很大程度上检验了非常规可测任务下官僚制高效率的假设。

尽管效率非常高但代价也是可见的，代价之一就是即时腐败。即时腐败与其他形式的腐败不同，它既不是可以重复的，也不是期权性质的，而是一次性的。通俗地说，叫"过了这个村就没有这个店"。正是在这个意义上，一种可能的腐败行为——即时腐败就可能产生了。这种即时腐败完全满足官员腐败的基本要件，即腐败的动机、腐败的机会与腐败的成本收益。

就上述案例而言，协办重大的政治社会活动落到 H 大学的头上，几乎人人都在暗自庆幸，尽管其心理动机各不相同。与其他任务不同，政治任务几乎没有讨价还价的余地。因此，官僚制的高效率是自然的，且不论其背后隐藏着官员的晋升激励。但在另一个层面，H 大学校领导层以下的中层部门，即各执行部门，其心理动机与那些渴望晋升的官员心理不尽相同。因为在这样的重大政治社会活动中，他们更多的是承担具体的筹备事项，能够参加现场活动，见见重要人物都是相当荣幸的事了，哪里还谈得上期望着获得青睐，加官晋爵。

如上所述，由于是政治任务，H 大学高层领导，特别是渴望晋升的官员集中调动一切所需资源，全力以赴，官僚制组织几乎完全按照韦伯的设想来运行的。在这种情形下，领导的注意力和目标是成功地协办活动，当然能够得到满意的反馈就更好了，至于成本方面，则不是最重要的。而在中层干部这一层面，如上所述，他们的诉求不在于晋升，并且绝大多处级干部都在五十岁左右，在未来的三五年里，将有大批处级干部退休。此外，正处级干部在岗时间除个别人外，均在六年以上，晋升欲望相对不足，但作为理性的"经济人"，其效用最大化主要体现在对物质的追求上。在这种活动场景中，高层的注意力不在财务上，但中层的注意力却主要在财务上。为完成任务，高层需要中层的配合，并且事实上事情都是处级部门完成的。"处长经济""处长治国"深刻地描述了处级部门的重要性。高层也会在财务上没有常规工作中控制得那么紧。而对于中层来说，一方面可以借此机会获得更多的财力支持，将以往那些难题一揽子解决；另一方面，预算最大化，顺手牵羊是难免的。我们可以从一些细节加以说明。在筹备活动的督办过程中，由于时间紧迫，督办人员接到领导层的指令是：任务进行到什么程度了？存在哪些问题？需要领导层面提供什么支持？在这些问题中特别提出，如果是经费问题，就不要说了。换言之，钱不是问题，关键是要把事情做好。实际上，我们发现，中层部门预算最大化的程度确实较为惊人，比如有些项目完全可以外包、租用，但结果都以高价买回，其中的腐败行为不言自明。在活动之后的经费使用情况说明中，笔者观察到各个部门都存在不同程度的高于市场价格的购买行为。可见，在很大程度上，双方似乎已经默认了这一行为的合理性。这是一次绝佳的趁火打劫机会。事实上，此类现象并不罕见，如地震后赈灾物资、捐款被挪用、贪污甚至被侵吞。

从这个意义上讲，非常规可测任务的官僚制是高效的吗？实际上是值得怀疑的，因为我们很难测量其投入的成本。单纯地从经费投入来看，此项活动花费近三百万元。由于没有类似案例的比较以及评价的指标，我们难以得出这样的花费是否是节约的。另一方面，为协助此次活动，H 大学倾全校之人力入其中，而置常规工作于旁。因筹办活动而导致生活不便的抱怨也此起彼伏，特别是科级干部，没日没夜、加班加点地干活。因此，在本书研究假设和案例侧重点上，主要是从执行力这个角度来阐述官僚制的效率的。

第四节　理论回应

在前面的分析中我们建构了一个基于任务是否常规和任务绩效是否可测的官僚制效率模型。实际上，非常规可测任务是完全嵌入在官僚制组织中，并且挤压了常规任务的。在政治压力下，官僚制处于紧张的运动过程中，并且其间还充斥着腐败的可能。从这个角度上看，我们可以将其与运动式治理、官员晋升、反腐败等相关理论进行对话。

在冯仕政看来，"基于政体强烈的历史使命感和所面临的强大绩效合法性压力，以及该政体所提供的组织和合法性基础，国家能够不时打破制度、常规和专业分际，强力动员国家所需要的社会资源，于是形成国家运动。"[①] 周雪光则将运动式治理看成是对常规官僚制失败的一种治理机制[②]。与运动式治理相比，非常规可测任务的官僚制高效率状态更多的是微观层面展现了组织

---

① 冯仕政. 中国国家运动的形成与变异：基于政体的整体性解释 [J]. 开放时代, 2011, 1: 73–97.

② 周雪光. 运动型治理机制：中国国家治理的制度逻辑再思考 [J]. 开放时代, 2012 (9): 105–125.

运行逻辑，其强调的是官员的晋升激励而不是对科层结构的替代。事实上，任务是嵌入在官僚制组织中的，运动式治理中的官僚制结构依然清晰。正是官僚制组织的高效造就了微观层面任务的组织运行。如果将此与运动式治理相比较，我们认为，其共同之处在于非常规任务是嵌入在官僚制组织中的，而不是打断或终止了官僚制组织，更不是官僚制组织的功能性失败。但不同之处在于运动式治理是纠偏基层政府的目标替代行为，非常规可测任务则是基于官员的晋升激励。

如上所述，官僚制效率模型状态背后隐藏的是官员晋升的激励强弱结构。晋升激励越强，则效率越高。在官员晋升的研究文献中，主要探讨的是基于经济绩效的锦标赛机制、资格赛机制等，但却未能将重大政治社会活动纳入其中，尽管这似乎是不证自明的。周雪光在《逆向预算软约束》中从微观层次上探讨了干部晋升制度的机制和信息不对称导致了基层政府官员追求资源密集型政绩工程的短期利益，为不断突破已有预算约束、追求预算外资源的政府行为。或许他已经注意到了官员的晋升激励，因为在干部考核体系中，德能勤绩廉中的绩是考核的重点，因此获得更多的既有比较优势的经济增长或许有助于官员的晋升，但他却没有将其明确地指出来。而与那些资源密集型政绩工程相比，非常规可测任务实际上对官员来说，无疑更具有晋升激励的动力。对于渴望晋升的官员而言，机会稍纵即逝。在官僚制组织中，非常规可测任务实际上是比较普遍的现象，各种政治经济社会的重大活动都在举办，然而这一普遍现象所引发的研究却并未多见。

由于反腐败研究进入的困难，国际上主要采取主观可测和客观可测两种方法进行，而较少地进行情境性的实证研究。我们在官僚制效率模型的分析框架下，发现了政治压力下为提高执行力而存在的可能的即时腐败的现象，这种非常规性的、非期权性的腐败具有较大的隐蔽性，甚至是一种心理契约的默认。如上所述，渴望晋升官员的注意力并不在财务上，而中层干部则利用这个机会加大预算，即便此类行为可能导致腐败行为的发生。但在政治压力与晋升激励的情境下，被查出的概率其实是相当小的。由此可以回应经济学意义上的腐败的意愿、腐败的机会和腐败的成本收益。同时，这也是一种基于共谋性的集体腐败，而对这种即时腐败现象的关注还不够深入。

以官僚制组织中任务是否常规和任务绩效是否可测两个维度构建了一个类型化的官僚制效率模型，由此提出了不同场景类型下官僚制效率高低状态的研究假设。在这些不同效率状态背后隐藏的是官员晋升的激励强弱结构。论文以一个典型的重大政治社会活动为个案，检验了非常规可测任务下官僚制高效率的研究假设。由于效率涉及投入，我们除了在人力、时间的投入上可观察外，涉及的财务并不能得到有效的观察，且至多只能从有关工作人员的口中得到零星的经费开支。因此，我们将官僚制的效率集中在行动的执行力上。然而，这种典型的官僚制组织的效率，尤其是执行力可能隐藏着一种即时腐败行为，因此，我们也有理由对其效率做出质疑。进一步，我们可以将本书建构的官僚制效率模型与运动式治理、官员晋升与廉政研究结合起来思考，或许，这种特殊的也是较为普遍的场景可能为上述研究提供更多的经验支持。

与此同时，我们也需要注意，我们的观察个案并不是典型的政府机构，但由于 H 大学是建立在典型的科层结构基础之上的，因此，尽管其并非政府，但我们也可以将其等同于政府机构，以此为我们的研究提供经验支持。如果是政府部门的场景，相信在检验研究假设时更具有说服力。

第十一章　官员激励与国家运动

在公共行政治理方式中，项目制、运动式治理、非正式制度等都构成了公共行政的重要内容。本章主要讨论官员激励和运动式治理的关系。在合法性压力下，由官员任期引发的中国运动型治理是制度性与周期性的。基于连任或晋升激励的官员借助垂直化管理，使得国家运动成为常态。中国权威治理基础经历了从个人的克里斯马到组织的克里斯马的转变。组织的克里斯马通过对岗位任职条件的特定描述并以官员个体的形式表现出来。官员因其职业激励往往把岗位履新作为最佳时机，通过对上级负责与掌控科层制的便利，以达成超常绩效，推动局部性的国家运动谋求为连任或晋升，进而形成以任期为周期的国家运动趋于常态，同时也引发了新的忧虑。

第一节　现象、问题与研究进展

社会科学研究问题的形成始于对社会现象的观察。那些重大的稳定存在的，或反复出现的现象背后一定隐藏着深层次的内在机理[①]。那些反复出现的现象容易让人熟视无睹，进而忽略了其内在的逻辑。"新官上任三把火"——新任官员推翻前任的做法，另起炉灶——就是一个典型的例子。尽管财政分权为官员带来了激励，但晋升是官员最为显著的动机。换言之，在非选任的

[①] 周雪光. 权威体制与有效治理：当代中国国家治理的制度逻辑[J]. 开放时代，2011（10）：67-85.

威权体制下，官员最重要的动机不外是通过绩效的显著度谋求连任或晋升。几乎所有的新任官员都会利用任职机会，改弦更张，力图在任期内获得超常的政绩，进而实现个人的职业晋升。我们的问题是：官员的绩效激励的内在逻辑是什么？在运动式治理式微的今天，国家运动理论能为官员激励带来多大程度的解释？

本章在国家运动理论的基础上，诠释并深化了官员绩效激励的内在逻辑。"新官上任三把火"与克里斯马的国家谋求政绩的合法性基础不谋而合。在新的历史时期，通过有效性积累合法性被视为一种有效的策略①。同时，国家的M型层级结构②为"新官上任三把火"提供了科层结构的便利。与20世纪五六十年代的国家运动（"大跃进"）类似，改革开放以来官员出于基于绩效的职业晋升激励推动了制度性而非周期性的国家运动。各级官员能够推动其辖区的国家运动根源于中国权威治理的组织克里斯马权威的层级性传递。官员的职业激励与任期短暂性是其推动辖区的国家运动的内在动力。与国家运动的周期性观点不同，本书认为，国家组织结构中"条条块块"交错的官员无时无刻地在推动国家运动，并形成为国家治理的常态。

人们对"新官上任三把火"更多地关注其带来的危害而较少关注其产生的机理。改弦更张的做法是对既定政策的修正，甚至破坏。我们认为，"新官上任三把火"在本质上是一种局部的国家运动。国家运动并不是一个新鲜事物。在国外，从宽泛的意义上讲，国家主导的战争、干预各种自然或社会的危机都可纳入国家运动的范畴。但西方国家的国家运动更多的是指社会运动。与我们所说的国家运动不同，西方的社会运动是指非政府主导的反文化与社会失范的状态③。而中国的国家运动则是官方主导的改造社会、维护权威的运动。在中国历史上国家运动非常频繁，周雪光甚至从乾隆时期的"叫魂"事

---

① 林尚立. 在有效性中累积合法性：中国政治发展的路径选择 [J]. 复旦学报（社会科学版），2009（02）：46-54.
② 钱颖一，许成钢，董彦彬. 中国的经济改革为什么与众不同——M型的层级制和非国有部门的进入与扩张 [J]. 经济社会体制比较，1993（01）：29-40.
③ 冯仕政. 西方社会运动研究：现状与范式 [J]. 国外社会科学，2003（05）：66-70.

件找到了源头。20世纪中期，国家运动更是成了那个时代的主旋律，政治激进主义中的"大跃进"[①]、阶级斗争等就是典型的国家运动[②]。

中国的国家运动引起了国外学者的关注，查尔斯·塞尔在其《目前的革命：中国的动员运动》一书中认为，中国的国家运动作为实现社会主义改造的工具具有积极的边际效用。在他看来，中国的政治运动分为三类：经济的，旨在增长生产率；意识形态的，旨在改变人民的思想方式；斗争的，旨在铲除敌对阶级或集团的权力基础和地位。詹姆斯·汤森则认为20世纪70年代的中国面临着一种制度化运动的悖论，即改革意味着中国生活的常规化，但它却是以动员的方式进行的。本书的观点与汤普森是一致的，但汤普森的观点仍要继续推进。

国内研究中国国家运动则多从政治学、社会学、组织社会学的角度进行探讨[③]，但其背后的逻辑各不相同。崔之元借用亚里士多德政治学的"三分法"，即一人（君主）、少数（贵族）与多数（大众），把中国政治分为三层，即中央政府、地方政府和民众。这三层之间可以相互制约，建立良性互动的关系。其中，中央政府联合民众制约地方政府就是我们通常意义上说的国家运动。这样看来，国家运动主要是针对地方政府的，是防范来自地方政府对中央权威的威胁。

冯仕政对国家运动进行了目前为止最为系统深入的分析。在冯仕政看来，国家运动包括国家各个部门和政府为了完成特定的政治、经济或其他任务而发起和组织的所有运动[④]。国家运动的基本特征就是以政治动员的方式暂时叫停科层制的程序化运转过程，以便更好地集中各类资源实现国家运动特定任

[①] Kung James Kai-Sing, Chen Shuo. The Tragedy of the Nomenklatura: Career Incentives and Political Radicalism during China's Great Leap Famine [J]. American Political Science Review, Vol. 105, No. 1 February 2011.

[②] 唐皇凤. 常态社会与运动式治理——中国社会治安治理中的"严打"政策研究 [J]. 开放时代, 2007 (03): 115-129.

[③] 周飞舟. 锦标赛体制 [J]. 社会学研究, 2009 (03): 54-77.

[④] 冯仕政. 中国国家运动的形成与变异：基于政体的整体性解释 [J]. 开放时代, 2011 (01): 73-97.

务的初衷①。也就是说，科层制的失灵是国家运动开展的前提和目标。

在国家运动的研究中，冯仕政与周雪光提出了不同的逻辑思路。冯仕政从历史的角度提出了基于革命教化政体的克里斯马合法性逻辑，即国家对社会改造的绩效有特殊要求，那就是必须通过比其他政体更快的速度发展，获得超常的绩效，即政绩饥渴②，特别是在经济落后的情况下，通过赶超现代化来巩固其合法性基础。当然，这种良好的愿望与解决当时的社会主要矛盾（人们日益增长的物质文化需要同落后的生产力之间的矛盾）是一致的。中国共产党从革命党到执政党的转型，从个人的克里斯马到组织的克里斯马的转型，都需要通过赶超现代化来巩固其合法性基础，并且作为政治忠诚的审查机制，国家运动把是否积极参与国家运动作为考核官员的主要指标。这样一来，国家运动就达到了改造社会与管理官员的双重目的，进而夯实了国家的合法性基础。当然，其潜在危险就是无法摆脱"寡头统治铁律"，即国家运动本来是用来促进社会公共利益的，结果却被官员作为开展派系斗争或谋取私利的工具。在冯仕政看来，国家运动在运作方式上具有明显的非制度化、非常规化与非专业化特征的结论。换言之，国家运动是一种与制度化、常规化和专业化的科层制相对应的治理模式，它是作为革命教化政体基于改造社会的历史使命与合法性压力的主动运动。

而周雪光则认为国家运动源于权威体制受到来自地方政府有效治理的威胁，特别是在科层制组织失败的时候，国家通过暂时叫停科层制，强力动员国家所需的社会资源，开展国家运动。在外部环境剧烈变动的时候，"充分发挥社会主义集中力量干大事的优势"，"不惜一切代价"化解各种自然或社会危机就是国家运动的具体体现。在这里，周雪光更多地强调通过国家运动对官员的治理重塑权威。与冯仕政不同，周雪光认为权威体制与有效治理是当代中国国家治理的制度逻辑。中国的国家治理模式是集权—分权的交替往复。一方面，中央政府要通过权威体制防范政令不通；另一方面，治理的有效性

---

① 王雅林. 中国的"赶超型现代化"[J]. 社会学研究，1994 (01)：19-29.
② 倪星. 政府合法性基础的现代转型与政绩追求[J]. 中山大学学报（社会科学版），2006 (04)：81-87.

又取决于地方政府。二者之前存在着深刻的矛盾和不兼容性。权威体制的集中程度越高、越刚性，其有效治理的能力就越会减弱。反之，有效治理能力的增强意味着地方政府治理权的增强，形成各自为政的局面，进而对权威体制产生巨大的威胁①。而应对二者张力的一个选项就是运动型治理机制，即通过政治动员的运动性方式和渠道来贯彻落实自上而下的政策意图，其最大的特点就是暂时叫停科层制的常规过程，以政治运动取而代之，进而重塑中央权威。在周雪光看来，以科层制为基础的常规治理模式和以国家动员的运动型治理模式具有很强的周期性，这种周期性是权威体制与有效治理的相互博弈的结果，也是中国两种基本的治理模式。

如上所述，叫停科层制开展国家运动的前提是地方政府自主性的膨胀。尽管周黎安并没有提出国家运动的概念，但可以从他的官员激励与治理研究中看出：基于属地管理与行政分权的特质，地方政府的相对自主性是自秦汉以来中国国家治理基本的内核。改革开放以来的财政包干、分灶吃饭等财政分权进一步强化了地方政府的自主性②。尽管分税制意在约束地方政府行为，但一次的集权—分权博弈最终仍然是以地方政府获得更多的权力而结束的。官员的政治锦标赛晋升机制与国家运动是紧密联系的。

此外我们还发现，关于中国国家运动的研究忽视了官员的来源问题。改革以前的国家运动从表面上看是国家赶超现代化的压力，但实际上，科层制的失灵源于当时的干部主要来自战争时代的农民群体，他们大多是因战功而获得职务的，缺乏专业技术。当赶超现代化任务分解到地方政府时，这些官员是不能胜任的，甚至起到破坏性的作用。因此，来自高层的为实现赶超现代化的国家运动势必兴起。同样，改革开放后，随着干部用人标准的转变，职业官僚借助财政与行政分权获得了更多的自主权，在经济绩效特别是经济绩效与晋升挂钩的情况下，他们的专长得到了充分的发挥，带来了地方经济绩效的高速增长，但同时也形成了地方诸侯，甚至与中央抗衡。国家运动也

---

① 周雪光. 运动型治理机制：中国国家治理的制度逻辑再思考 [J]. 开放时代，2012（09）：105-125.

② 周黎安. 转型中的地方政府：官员激励与治理 [M]. 上海：格致出版社，上海人民出版社，2008.

由此而发生。总的来说，官员来源与国家运动紧密相关。关于这一点，我们将在另一篇论文中提及，并进行定量的研究。

笔者非常赞同冯仕政、周雪光的观点，正是在他们对国家运动模式的从宏观上或者整体分析的基础上引发了新的思考。冯仕政认为国家运动是一种主动的、自上而下的克里斯马权威重塑行为，周雪光则认为国家运动是因科层制对权威整体的威胁而周期性地、被动地重塑克里斯马权威。不难看出，他们的共同基础都是从整体上、宏观上重塑克里斯马权威。我们比较倾向于冯仕政的观点，虽然他提出了首长更替与国家运动之间的关系，但他没有深入下去，没有从微观角度提及官员任期与国家运动的关系。正是这样，我们以此为逻辑起点，从官员任期的微观层面来分析国家运动。此外我们还观察到，对国家运动的已有文献多是关注中国共产党执政以来的诸多显性运动，比如"扫黄打非"、深入学习"三个代表"重要思想、开展群众路线等各种专项治理，但对一些隐性的国家治理却研究较少，本书所指的"新官上任三把火"就没有被深入研究过。

在本章的分析中，我们的研究思路在很大程度上都是来自他们的研究成果。当然，我们更愿意做出新的突破，试图从微观的层面进行分析，并对上述文献的结论提出挑战性的回应：国家运动不是周期性的、偶发的，而是制度性的、全面性的。科层治理不是与运动治理相对应的治理模式，而是国家运动治理模式的工具和载体。或者说，国家运动是嵌入到科层制中的。特别是在中国政府的M型结构中，各级政府通过"条条"管理对下级政府或下级职能部门有了便捷的控制途径。因此，只要存在这种可能，科层制就会随之运动起来。这种结论可以在"新官上任三把火"中得到深入的诠释，并具有很强的一般性。在非选举任命的官员中，虽然他们也有一定的任期年限规定，但整个科层制中的官员任命此起彼伏，一旦上任，"三把火"则势必掀起其治下的国家运动。从整体上看，不断上任的新官在各个层级各个领域不断烧火，整个国家也就处于运动之中。

第二节 克里斯马：国家运动的基石

国家运动需要汲取大量的社会资源，需要来自合法性权威的支持。"新官上任三把火"的合法性来自哪里呢？我们的回答是来自国家的克里斯马权威，并通过层级传递到各个岗位中。换言之，岗位不仅因正式组织获得了权威基础，而且其克里斯马的任职条件决定了入选该岗位的官员自然地被赋予了克里斯马权威。

关于合法性权威的来源，韦伯典范是最为经典的来源。国内学者几乎都沿袭了这一传统。中国的合法性基础大多被分段解释。自清末以降至中共建设时期的合法性基础是建立在传统型的权威之上的，毛泽东时代则以克里斯马为主要特征。改革开放后，随着法律制度的逐渐完备，法理型权威成为20世纪70年代以来的合法性来源[1]。以近代以来中国的历史发展轨迹来看，中国似乎正在经历从农业社会、工业社会的转型，这在一定程度上与韦伯式合法性权威来源不谋而合。与之相适应，中国科层制的合法性来源也经历了三个阶段。但这种划分不具有历史联系性，即合法性基础的转变并不是严格地以时代为界的，国家某一时代的合法性基础大多是混合型的，因此，上述观点难以体现转型中国社会合法性权威的特点。

中国的科层制与韦伯所说的科层制相去甚远。近年来，公共行政学界关于科层制的研究似乎被淡化，而那些边缘性的课题则成为研究的重点。所以，研究科层制较为深入的并不是来自公共行政领域。过往人们对中国科层制的研究要么认为其不足，要么认为其过度，尽管他们都试图通过对科层制的重塑来改进中国治理模式，但遗憾的是，他们都没有深入地理解隐藏着中国科

---

[1] 郑崇明. 论我国公共权力合法性及其变迁——兼析重申官僚制的逻辑 [J]. 岭南学刊，2008（05）：37-40.

层制背后的密码①，特别是忽视了中国党政合一的现实语境。

因此，探究国家运动的合法性权威，就必须弄清楚中国的合法性基础是什么？在转型中国，我们承认韦伯的三种权威来源都能在中国的语境中找到影子，这三种权威的合法性来源都以不同的形式混杂其中。那么，居于主导地位的是哪一种呢？周雪光从历史的角度认为，当代中国科层制的合法性基础实际上是君主官僚制的延续与转型。中国国家的合法性建立在以法理权威为表，克里斯马权威为实的混合型基础上。在当代中国，法理型根基肤浅而克里斯马权威强势以行。换言之，中国国家的合法性基础在本质上仍然是克里斯马，即其权威建立在领袖的超凡禀赋之上。

但随着时代的发展，传统的政治强人时代不复存在。以个体为基础的克里斯马权威也就失去了基础，但这并不妨碍中国国家的克里斯马合法性基础，相反，还进一步强化了这一基础。建立在个体基础上的克里斯马权威具有脆弱性、不稳定性和难以延续的特点，但把国家（主要是执政党）作为克里斯马的载体，无疑消除了个体的脆弱性、不稳定性和难以延续的困难。通过克里斯马权威从个体到组织的常规转化，使得将超凡禀赋领袖的个人魅力转而移植到稳定的组织设施上，使得这些组织设施具有克里斯马权威的禀赋，涂上"神圣化"的色彩②。作为执政党，通过组织记忆（革命年代的辉煌）与当下的经济绩效巩固了其克里斯马权威合法性的根基，从而完成了克里斯马的组织化形塑。这样一来，克里斯马组织化就获得了制度的支持，"伟大光荣正确"与"超强的自我纠错机制"就是组织克里斯马的外在表现，并且组织化的克里斯马权威日趋稳定，也为其能够汲取社会资源，发动各种国家运动提供了基础。

组织的克里斯马需要政绩来证明他的超凡禀赋，但组织政绩的实现却最终要落实到个体头上。换言之，要把在组织的克里斯马与个人权威结合起来。在政治强人成为过去式时的时代，组织通过领导岗位（领导岗位强调政治素

---

① 周雪光. 国家治理逻辑与中国官僚体制：一个韦伯理论视角 [J]. 开放时代, 2013（03）：5-28.

② 周雪光. "逆向软预算约束"：一个政府行为的组织分析 [J]. 北京：中国社会科学出版社, 2005（02）：132-143.

质，强调德才兼备、又红又专）的设置来实现这一目标，即通过组织的形式来塑造个人克里斯马权威。国家把权力等级尊为禀赋等级，将权力越大者塑造成道德和知识水平越高者。这样一来，凡是入选领导岗位的官员都被组织自动地赋予了克里斯马权威，从而完成了从组织到个体的克里斯马转化。实践中的官员选拔机制要求德才兼备、又专又红的标准正是这一体现。也正因为此，新官上任才有烧三把火的底气。

需要指出的是，与周雪光不同，我们的观点是：执政党的克里斯马权威实际上是嵌入了政府科层制，特别是自中华人民共和国成立以来就形成的M型组织结构及其垂直化管理为国家运动的开展提供便捷的途径，由此以科层制为工具推动国家运动，而不是两种治理模式并存。同样，笔者的观点也与冯仕政不同，冯仕政认为国家克里斯马的常规化会降低国家运动，并趋于消亡，我们则认为，在既定的来自上级任命的官员将进一步加剧国家运动，并导致巨大的社会破坏。关于这一点，我们将在下文进行分析。

第三节　职业激励：国家运动的内在驱动

当官员获得领导岗位时，克里斯马权威也就实现了从组织到个体的转化。这样一来，官员便具备了实施其治下国家运动的基础性条件。当然，一个合适的时机是非常必要的。新官上任无疑是一个非常绝佳的机会。在冯仕政看来，国家运动需要三个条件：一是国家对社会改造有强烈抱负或面临强大的绩效合法性压力，因而对社会改造的态度比较积极甚至激进；二是国家的基础权力严重滞后，致使国家无法通过制度化、常规化和专业化途径实现社会改造目标，不得不采用运动这样的激进手段；三是国家的专断权力很大，在采用激进手段时无须经过社会同意，社会也无法制约。新任官员推动局部国家运动完全符合三个条件：首先，新任官员本身就是国家需要超常政绩巩固其克里斯马而进行的人事安排；其次，官员获得领导岗位后，鉴于其职业晋升压力，不得不对现有的基础权力进行改造，从而超越科层制，提高政绩诉求，如果按照正常流程，官员几乎难以在其任期内完成符合上级需要的政绩；最后，领导岗位赋予了新任官员较大的专断权力，特别是一把手，其自由裁量权是相当可观的。上级关注的不是自由裁量权的大小，赋予其专断权力达成超常绩效的目标是上下级官员都乐意达成的预期。

"新官上任三把火"最重要的驱动力来自其职业激励。官员的职业激励无非是连任和晋升，主要是晋升。我们首先来看看官员的晋升机制是如何安排的。官员的晋升机制的核心问题是谁拥有人事任免权？根据什么标准来确定官员能否晋升？在中国，党管干部是人事制度的基本原则。执政党保留了人事任免权。执政党的各级委员会都设有组织部门负责人事任命。对级别较高的官员的任命一般都需要通过党的常委会来决定。在民主集中制决策语境下，"一把手"对官员任命的话语权是非常大的。而中共的组织部门更多的是程序性的。从人事任命的分权上看，地方官员由中央任命，各级党政部门对其直接的下级有最终人事任免权。这就形成了"对上级负责"，对"直接上级负责"的格局。当然，这与中国科层制缺乏对官员的保护性是分不开的。理性科层制则只需照章办事即可免责。而中国的科层制则没有这一精神。因此，官员只能选择通过满足上级的偏好开展工作。

从官员晋升的评价标准来看，"德能勤绩廉"被视为普遍的指标。由于组织的克里斯马已经为官员形塑了权威的合法性，因此，"德能勤廉"基本不在考评的范围之内。换言之，能够获得晋升资格的候选者，"德能勤廉"是完全过关的，都是符合岗位关于克里斯马权威并固化了的。因此，最为关键的指标就落在"绩"上。

官员如何实现在"绩"上脱颖而出，那就需要进行策略性选择。当然，这里的策略性选择也是有条件的。一是当上级政府处于运动中时，官员会表现得更加激进。"大跃进"时代的中央候补委员超额征粮所表现出来的政治激进主义就是"大跃进"这个国家运动为他们提供了可能晋升的机会[①]。更重

[①] Kung James Kai–Sing, Chen Shuo. The Tragedy of the Nomenklatura: Career Incentives and Political Radicalism during China's Great Leap Famine [J]. American Political Science Review, Vol. 105, No. 1 February 2011.

要的是，上级运动常常被视为政治任务，特别是来自中央层面的国家运动更是如此。此外，国家运动的一个基本目标就是辨识官员的政治忠诚度。二是当上级政府处于常规运转中时，官员则会根据上级政府的主要工作任务来确定自己的行动，比如在经济建设为中心的时代，各地竞相比拼经济增长率，"绩"也就体现为经济增长。为了达成这一目标，官员竞相刺激经济增长，哪怕是做假。当然，不同的官员可能面临不同的情势，他们也会选择性地落实上级政策，并力图通过形成本地特色而行动，进而获取更多的晋升机会。

  官员的晋升还面临着一个更重要的时间压力。从20世纪80年代起，中国开始实施了官员任期制。《中华人民共和国公务员法》规定，官员任期不得超过两届，最多也就十年。当然，官员更愿意在一个任期内就能够顺利晋升。在这里，我们借用周雪光在《逆向软预算约束》的观点来加以阐述。虽然周雪光主要用来解释地方官员的摊派现象，但我们同样也可以用来解释官员的运动治理。周雪光认为，政府是由关心自己职业生涯和利益的官员组成的。由于中国官员晋升只有一条路，因此，官员的主要目的就是在职业生涯中的进一步晋升或者免被淘汰出局。在现行的行政体制中，工资、地位、成就感及其他待遇都与一个人的职位有关，可以说后者是人们利益的集中体现。而任期的规定使得政府官员关心的是他们在任期间的短期政绩，因为这是影响一个人职业生涯最为关键的因素。另外，现行干部晋升制度还对年龄限制有着明确的规定。因此，当官员在规定年龄期限之内不能晋升到某一级别，他的晋升过程就会在此滞留不前。这样一来，不论是任期还是年龄等淘汰规则都促使官员追求短期政绩[①]。换言之，他们只能关注站台式的阶段性目标，因为如果他们不能在短期内实现晋升，就会从此失去进一步发展的机会。特别是近年来官员挂职、交流等规定的相继实施，更是进一步加剧了官员的短期政绩追求。

  由于从其职业发展来看，新任官员只有在其任期内有着显著的政绩，才能获得晋升的机会。而这种政绩也是上级政府所需要的。由此我们可以看到，

---

  ① 周雪光."逆向软预算约束"：一个政府行为的组织分析[J]. 北京：中国社会科学出版社，2005（02）：132-143.

"新官上任三把火"等得以顺利进行，并且不乏追随者。追随者同样面临着这样的政绩需求以获得晋升机会。由于任期的限制（任期不得超过两届），新任官员必须在短时间内完成超常政绩。为了突出与前任的差异，他们往往不愿意沿着前任的路线前进。一则前任的规划基本已纳入科层制的常规程序，实施起来相对缓慢。按照科层制来完成其超常绩效几乎是不可能的。二则地方官员的"晋升锦标赛"[①]压力迫使新任官员必须寻找更容易体现其政绩的项目，特别是那些大项目、大工程。在这种情况下，新官上任之初就立即叫停官僚制，并利用科层制汲取各类资源，着手"三把火"。新官上任即烧"三把火"不仅时机绝佳，而且有助于官员缓解时间压力。"三把火"一旦烧起来，上下级官员竞相效仿，层层加码。这样一来，官员不仅以其魄力强化权威，使其下属心服口服，而且主动向上级发出了信号，迎合了来自上级政府的政绩饥渴，同时也为自己晋升提供了机会。在"三把火"过程中，被卷入的主体要么努力甚至超额达成上级的标准换取利益回报，要么以最低行为为标准，防止上级给自己"穿小鞋"以求自保[②]。"新官上任三把火"在某种程度上整合了上下级政府的利益，当然，"新官上任三把火"也要遵循一定的原则，既不能违背来自上级政府的宏观政策，也不能置本土利益于不顾，同时还要考虑与同级政府官员的竞争。因此，当权威体制继续通过经济绩效巩固其合法性时，新官上任的首选就是通过什么样的方式来达成更高的经济绩效，这样一来，我们也就不难理解地方政府"唯GDP论"了。

接下来的问题是官员的绩效如何得到上级，特别是掌握其晋升的上级领导的认可，并为其增加晋升的砝码。在金字塔形的机构中，越往顶端，职位越少。这就需要官员加大自身政绩的效用。由于官员的考核特别注重"绩"，因此，选择那些易于测量的政绩几乎成了官员的首选，并向上级发出强烈的政绩信号。这样一来，官员往往选择那些资源密集型工程，如开发区、造新城、建地铁、轻轨等大项目作为施政的主要任务。同时也只有通过这样的项

---

① 周黎安. 中国地方官员的晋升锦标赛模式研究 [J]. 经济研究, 2007 (07): 36-50.

② 孙立平. 社会主义研究中的新制度主义理论 [J]. 战略与管理, 1997 (05): 97-104.

目塑造出来的政绩才在晋升中更具竞争性。不同层级、不同部门的官员都意识到了这一点，这样一来就加剧了其间的攀比趋势。局部性的国家运动由此演化成整体性的国家运动。

需要指出的是，在"新官上任三把火"中，我们可以看到，新官一上任就叫停了正常运转的科层制，并在短期内确定自己的目标，将其嵌入到科层制中，通过科层制来汲取相关资源开展国家运动。因此，在这里，科层制不过是国家运动的载体，不管是政府机构还是党的组织。

当然，组织的克里斯马权威与职业激励是"新官上任三把火"的基础性条件。此外，作为官员开展国家运动的载体，科层制同样重要。尽管在周雪光、冯仕政看来，国家运动是叫停了科层制，但我们认为，恰恰相反，官员是把国家运动的任务嵌入到科层制中，通过政治命令等方式提速科层制。这样一来，科层制就成为国家运动的有力工具。此外，宏观意义上的改革开放本身就是一场国家运动，官员利用改革开放的旗号推动国家运动不论从个人层面还是从国家层面都有其自洽性。

本章从"新官上任三把火"现象入手，把官员激励、科层结构与合法性结合起来，探讨了中国改革开放以来的国家运动是如何转变为常态的。

在上面的分析中可以看出，官员发动国家局部运动不仅有了组织化的克里斯马权威做基础，而且其职业激励为发动国家运动提供了强大的内在驱动。这种常态化的国家运动的积极意义在于：以绩效驱动的"新官"基于晋升激励，在时间压力下动用科层力量推行国家运动，极大地促进了经济增长。在很大程度上，正是这种周期性的、常态化的、制度性的国家运动通过促进经济增长缓和了长期以来的物质短缺与物质需求增长之间的矛盾，更为重要的，通过对未来绩效的承诺和兑现，进一步巩固了执政党与政府的合法性基础。

克里斯马与职业激励相结合铺就了国家运动开展的道路。同时，我们也检验了《政治精英的悲剧：职业激励与政治激进主义》在现代社会的普适性观点。在该文中，我们看到职业激励与政治激进主义带来的大饥荒和大量人口的非正常死亡。那么，在当下的国家运动的代价是什么？这是必须思考的问题。

"新官上任三把火"不仅是国家克里斯马权威的体现和运用，更是新任官员为获取晋升压缩时间追求超额政绩的内在驱动。在这样一个巨型国家，巨型项目不断催生的背景下，社会将要承受的代价是什么？除了那些看得见的领域、大型运动会后体育设施的遗弃，那些看不见的又是什么呢？叫停了科层制的国家运动的背后是否隐藏着巨大的腐败？"巨型项目"的推动本身就是国家运动的重要体现。改革开放以来，我们从未对历次国家运动的代价做过评估。更为重要的是，中国官员的任命都规定了回避的原则，包括任职回避、地域回避、公务回避。在这种情况下开展的国家运动是否进一步危及社会公平与正义，助长掠夺之手[①]？

进一步需要讨论的是官员发动国家运动的大小与官员的岗位、级别之间的关系。可以假定是否官员级别越高，岗位越关键，掌握的资源就越多，发动国家运动的可能性也越大；相反，官员级别越低，则受制于资源、人员、权力等方面的制约，发动局部国家运动的可能性就越小。同样，我们也可以假定，不同来源的官员与国家运动之间的关系，比如空降官员、交流官员、本地官员与国家运动的关系。

---

① 奥尔森. 权力与繁荣[M]. 上海：上海人民出版社，2005.

第十二章 公共行政的可持续发展

任何一个组织都面临着效率与可持续发展的双重任务。组织效率着眼于当前的环境,组织的可持续发展则是为了适应未来的环境。就中国公共行政而言,改革开放 40 年来,经济绩效的增长被视为世界奇迹。与此同时,随着内外部环境的变化,对处于社会转型关键时期的中国而言,公共行政也面临着可持续发展机遇和挑战,而应对这一机遇和挑战关键在于治理能力的提升。因此,本章从公共行政的共性与个性出发,立足于当下中国场景,从政治清明与治理能力两个方面讨论其可持续发展的方向。

第一节 公共行政的共性与个性

在党政体制下,中国公共行政的可持续发展的首要问题是执政党对未来的价值判断。2017 年 10 月 18 日至 24 日,中国共产党第十九次全国人民代表大会在北京召开。习近平总书记在大会上做了《不忘初心,牢记使命,高举中国特色社会主义伟大旗帜,决胜全面建成小康社会,夺取新时代中国特色社会主义伟大胜利,为实现中华民族伟大复兴的中国梦不懈奋斗》的主题报告。这一报告在新的历史时期全面而深刻地回答了中国共产党"从哪里来、到了哪里、往哪里去的问题",并提出了许多新的思想和新的判断,其中关于中国特色社会主义进入新时代,我国社会主要矛盾已经转化为人民日益增长的美好生活需要和不平衡不充分的发展之间的矛盾,无疑是备受关注的焦点之一。

在党的十九大报告中，美好生活被界定为物质文明、政治文明、精神文明、社会文明、生态文明的全面提升，全体人民不仅实现了共同富裕，而且将享有更加幸福安康的生活。然而，当下中国人民离美好生活还有较大差距。发展不平衡不充分的一些突出问题尚未解决，发展质量和效益还不高，创新能力不够强，实体经济水平有待提高，生态环境保护任重道远；民生领域还有不少短板，脱贫攻坚任务艰巨，城乡区域发展和收入分配差距依然较大，群众在就业、教育、医疗、居住、养老等方面面临不少难题；社会文明水平尚需提高；社会矛盾和问题交织叠加，全面依法治国任务依然繁重，国家治理体系和治理能力有待加强；意识形态领域斗争依然复杂，国家安全面临新情况；一些改革部署和重大政策措施需要进一步落实；党的建设方面还存在不少薄弱环节。这些问题，必须着力加以解决。因此，实现人民向往的美好生活将是中国共产党在今后较长一段时间内的核心任务。

事实上，早在2008年，国内学者就给予了与美好生活几乎同义的美好社会的关注，并进行了前瞻性的研究[①]。本章旨在以此为核心，从国家治理的角度，结合实践层面探讨实现美好生活应着重关注的短板，即在形塑政治清明的同时，进一步夯实国家的基础权力，提升国家基层治理的能力。

实现全国人民的美好生活的前提是对当下时代特征的准确把握。习近平在党的十九大报告中提出中国特色社会主义已经进入新时代。新时代这一术语的提出既是对中国自改革以来经济社会发展的肯定，更是对当下中国发展阶段的判断。从历史的角度来看，中国比以往任何时候都更接近现代化，中国正处在社会转型即将成功的前夜。从人类社会发展的历史角度来看，中国特色社会主义的新时代既有共性又有个性。

中国进入新时代并不是一个独特的现象。在人类社会从低级阶段向高级阶段的发展历史进程中，转型社会是任何一个国家都绕不过去的坎，也是一种普遍的历史现象。18世纪60年代，英国经历了第一次工业革命，实现了现代国家的转型。1911年至1926年是美国经历了进步时代，实现了现代国家的

---

① 马骏. 治理、政策与美好生活：不丹经验 [J]. 公共行政评论，2013，6 (1)：27–58.

根本性转变。事实上，在当前中国发展历程中出现的经济繁荣与政治腐败、市场失序、贫富分化、环境污染并存的问题在很大程度上与100年前的美国并无二致。从世界范围来看，中国现代社会的转型特征并没有超越转型社会的普遍性，中国总体上仍处于从传统到现代，从农业社会到工业社会，从计划经济到市场经济的转型阶段。

与英国、美国不同的是，中国的国家建设与社会转型是在中国共产党的领导下实施的，并呈现出独特的中国模式。这一独特的模式对于推动中国的社会转型起到了决定性的作用。习近平执政以来，中国共产党以巨大的政治勇气和强烈的责任担当，提出了一系列新理念、新思想和新战略，出台了一系列重大方针政策、重大举措和重大工作，解决了许多长期想解决而没有解决的难题，办成了许多过去想办而没有办成的大事，推动党和国家事业发生历史性变革。这些历史性变革的关键在于中国共产党的领导。

中国进入新时代更是主题鲜明地宣示了中国特色社会主义的本质就是中国共产党的领导。不仅如此，中国共产党的领导还是中国特色社会主义制度的最大优势。从这个意义上讲，中国共产党是领导一切的。与英美国家政党轮替制不同，中国共产党必须为其一党长期执政寻求合法性来源。因此，中国共产党在本质上就被自身赋予了强烈的改造社会的历史使命感，以期通过对超常绩效的获得换来长期执政的支持[1]，正所谓不忘初心，牢记使命。进一步地，在党政体制结构下[2]，中国共产党把国家经济社会的发展与政治竞标赛的官员激励结合起来，通过压力型体制的层层传导来兑现政治承诺，进而形成与西方国家政党执政绩效的相对比较优势来获得广大社会公众对其一党长期执政的支持。

可以预见的是，在中国共产党的领导下，基于赶超现代化的初心和使命，各级政府组织的运转将得到进一步强化。在党的十九大报告中明确指出：第一个阶段，从2020年到2035年，在全面建成小康社会的基础上，再奋斗15

---

[1] 冯仕政. 中国国家运动的形成与变异：基于政体的整体性解释 [J]. 开放时代，2011（1）：73-97.

[2] 景跃进，陈明明，肖滨. 当代中国政府与政治：Contemporary Chinese government and politics [M]. 北京：中国人民大学出版社，2016.

年，基本实现社会主义现代化；第二阶段，从2035年到本世纪中叶，在基本实现现代化的基础上，再奋斗15年，把我国建成富强民主文明和谐美丽的社会主义现代化强国。从基本实现社会主义现代化这个目标来看，在时间节点上已经提前了15年。这表明中国进入新时代后中国共产党将以更大的努力来实现美好生活的政治承诺。

美好生活的实现需要两个基本的条件：一是外部环境的支持，即如何实现反腐败的可持续发展，营造风清气正的政治生态，这是实现美好生活的前提和基础。二是治理能力的提升，即政策制定与政策执行的有效性。本章主要从腐败治理的转型与政策执行能力的提升两个方面来讨论美好生活的未来方向。

第二节 政治清明与社会廉洁

腐败是中国共产党面临的最大威胁。在党的十九大报告中，关于从严治党的文字笔墨占据了整个报告八分之一的篇幅。党的十九大报告指出，中国共产党将继续清除一切侵蚀党的健康肌体的病毒，大力营造风清气正的政治生态，以全党的强大正能量在全社会凝聚起推动中国发展进步的磅礴力量。反腐败要坚持无禁区、全覆盖、零容忍，坚持重遏制、强高压、长震慑，坚持受贿行贿一起查，坚决防止党内形成利益集团。在市县党委建立巡察制度，加大整治群众身边腐败问题力度。不管腐败分子逃到哪里，都要缉拿归案、绳之以法。推进反腐败国家立法，建设覆盖纪检监察系统的检举举报平台。强化不敢腐的震慑，扎牢不能腐的笼子，增强不想腐的自觉，通过不懈努力换来海晏河清、朗朗乾坤。中国反腐败的行动逻辑是以政党为出发点和核心来实施反腐败行动[①]，通过制度安排建立反腐机构来约束权力，其中专司反腐

---

① 林尚立. 以政党为中心：中国反腐败体系的建构及其基本框架[J]. 中共中央党校学报, 2009, 13 (4)：21-27.

的国家职能机构扮演了最为重要的角色，发挥了不可替代的作用，甚至表现出浓郁的"强国家"色彩。

然而，国家职能反腐机构因其制度设计的先天缺陷制约了其反腐功能的发挥，比如中国共产党中央纪律检查委员会缺乏足够的工作自主权，缺乏培训和政治力量对检查委员会人事的影响，以及受到腐败和官僚主义等难题的阻碍[①]。管理体制上存在着双重领导体制和基于法令的道德约束弱化了反腐机构的独立性。在党政体制中，各个反腐败机构之间的关系没有得到很好的理顺，进而影响到反腐败的效率，比如党的领导会使得司法处于从属地位。此外，作为共产党员，法院院长和副院长一方面要履行机构的职能，一方面又要向党保持党员的忠诚性。反腐败机构中发生的腐败行为就是其不能很好地履行职责的重要表现，这源于其"双重忠诚"的困境，即既要忠于党的领导又要忠于机构自身的工作职责[②]。

从腐败治理的效果来看，国家层面的反腐败主要通过思想教育、运动式反腐和制度反腐三种方略进行。已有研究发现，国家主导的思想教育反腐方略与反腐败效果虽然成正相关，但相关性并不强。运动式反腐败方略与反腐败效果呈显著的负相关[③]。运动式反腐非但不能降低其腐败，反而会加剧这种腐败。制度反腐方略与反腐败实际效果的相关性最强[④]。但反腐败的制度建设才刚刚起步。

尽管在政治意义上反腐败取得了不错的效果，但国家视角的权力反腐的局限性也非常明显。20世纪90年代以来，尽管诸如国家公务员制度、审计制度、预算制度等相关制度的完善在一定程度上遏制了腐败的蔓延，然而，随着经济社会的转型，交易性的腐败得到急剧发展，愈演愈烈，腐败案件每年仍是以30%，有时甚至达到80%~90%的速度增长。针对最近的反腐败运

[①] Gong T. The party discipline inspection in China: Its evolving trajectory and embedded dilemmas [J]. Crime Law & Social Change, 2008, 49 (2): 139–152.

[②] 肖汉宇，公婷. 腐败容忍度与"社会反腐"：基于香港的实证分析 [J]. 公共行政评论，2016 (3): 42–55.

[③] 倪星. 中国廉政方略变迁及其效果分析 [J]. 政治学研究，2011 (5): 74–86.

[④] 倪星. 中国廉政方略变迁及其效果分析 [J]. 政治学研究，2011 (5): 74–86.

动,人们仍然疑虑重重。反腐败让民众受益了吗?人们对反腐败的绩效满意吗?谁来约束中纪委的权力?中国的反腐败是权力斗争的"纸牌屋"吗?在中国的反腐败实践中,令人困惑的是,在如此重拳打击的态势下,虽然从全国范围来看腐败在总体上得到了有效控制,但部分地区和部门的腐败仍然屡禁不止,甚至死灰复燃,新生腐败案件屡屡曝光,以身试法者不在少数。在过去的几年里,国家主导的反腐败取得了前所未有的成就,但2014年中国清廉印象指数的指数评分和排名表明,人们对中国的廉洁感知不是提高了,而是降低了。

更为重要的是,国家的权力反腐还存在着极为明显的弊端,一是强制性的治理腐败并不能有效地根除腐败的制度环境和文化环境,无法从根本上遏制腐败的根源;二是国家权力对腐败的威慑需要投入巨大的行政成本,并且将进一步增加腐败的成本,即案发之后需要投入惩罚腐败分子的成本,但却无助于弥补制度上的漏洞,而制度总是不完整的,掌握公共权力的个体的机会主义选择总是存在的。

因此,在很大程度上,国家职能机构的反腐败是一场社会缺失的独角戏,其所强调的是通过强化反腐败机构的职能,最大化地输出打击腐败的功能[①]。尽管体制内的反腐倡廉十分重要,但单一的体制内反腐倡廉存在着不可避免的重大缺陷,这一缺陷就是:公共权力内的所有机构,所有人无论多么高明,多么高尚,总归是社会利益的代理人;代理人的身份决定了其很难从根本上超越代理人立场和代理人视野的局限。

在经济合作与发展组织看来,强化打击腐败的行动只是治理腐败的途径之一,有效的反腐败不仅需要建立有效的透明化的政治系统,更需要积极支持的公民参与。因此,即便在"强国家"背景下,单纯地依靠权力反腐并不能全面有效地治理腐败。事实上,在腐败治理较为成功的国家或地区,没有哪一个是单纯地依靠国家的强制反腐而取得成功的。因此,不论是从反腐败的理论上还是中国反腐败的实践上都表明,对公共权力的制约不能仅仅依靠

---

① 李辉. 超越国家中心主义:中国腐败治理的历史梳理 [J]. 文化纵横, 2013 (3): 56-62.

封闭的国家权力结构相互掣肘,还需要来自外部的约束,亦即下文所要讨论的社会视角的权利反腐。

中国政府近年来打击腐败的力度不可谓不大,但为何仍未将腐败斩草除根?显而易见,制度安排与廉洁文化是中国反腐败实践所欠缺的重要内容。事实上,中国的反腐败所依托的正是缺失了社会的国家权力的反腐败。换言之,反腐不能由反腐败机构垄断,还需要社会的参与,反腐败事业的推进需要社会民主力量的介入。

"强国家"的危险在于不受控制的公共权力的滥用,其必然导致国家机构及其代理人的严重腐败。国家权力必须受到制约。国家是社会中的国家①。社会对国家的约束主要体现在对公民权利的保护,即公民有机会参与到国家事务中,并能够根据法律赋予的权力监督国家权力。治理腐败之所以是一个全球性的难题,其关键在于社会的孱弱。没有一个强有力的社会,在政府与社会的对峙中,就不可能对运用公共权力的政府及其官员进行最严格的制衡和监控。换言之,没有一个强大、健康的社会,政府的廉洁就得不到保障。名列《国际透明》廉洁指数前列的国家和地区,如丹麦、瑞典、新加坡等,无一不是拥有一个强大而健康的社会。

反腐败要超越强制,不仅需要制度设计,更需要社会参与。腐败是根植于、嵌入于社会环境之中的……中国的腐败是典型的嵌入性腐败,很难通过强制的手段和方式来治理。社会公众的积极参与和强有力的公民社会是社会反腐的基本前提和保障,社会反腐的基本思路是社会公众通过诉诸其公民权利实现对国家的监督和制约,如果所有人都从内心抵制腐败行为,所有人都能够用自己的眼睛来帮助国家监督腐败行为②,那么腐败就没有生长的空间。"腐败治理达到最好的状态就是有一个拥有广泛民意且能够持续支持政府反腐败的公民社会"③。

社会反腐遵循的是组织社会学新制度主义学派的逻辑,即人类的行为需

---

① 乔尔·S.米格代尔.社会中的国家[M].江苏:江苏人民出版社,2013.
② 李辉.当代中国反腐败制度研究[M].上海:上海人民出版社,2013.
③ 迈克尔·约翰斯顿.腐败症候群:财富、权力和民主:wealth, power, and democracy[M].上海:上海人民出版社,2009.

要从制度环境中去理解,尤其是那些非正式制度如文化、观念、习俗等对个体行为的影响。在新制度主义学派看来,制度环境是一个组织所处的法律制度、文化期待、社会规范、观念制度等为人们广为接受的社会事实。事实上制度环境对组织行为的影响,同样也适用于对个体行为的影响。制度化的环境迫使个体不得不接受和采纳外界公认或赞许的形式、做法或"社会事实"的过程。如果个体行为有悖于这些社会事实就会引发社会的公愤。在这个机制的作用下,人们的行为会日益趋同,形成一种广为接受的理性神话和社会规范机制。从这个意义上讲,一个强大的、活跃的和警觉的公民社会,是制约国家权力、防范政治腐败的有力屏障。当整个社会已经形成风清气正的社会风气的制度环境时,反腐败也就成为一种生活方式,人们会自觉地抵制、揭发各种腐败行为。尽管德国前总理科尔、法国前总统希拉克都遭到了严重腐败的指控,甚至诸如此类的腐败事件降低了人们对政府及其官员的信任,但是人们对其国家的廉政情况还是非常有信心的。人们普遍认为,澳大利亚的公共部门是相对廉洁的,并且人们对于腐败官员持有普遍的不宽容态度。反之,如果公司经理经常贿赂市政厅官员,其家人对此也毫不吃惊,更没有人要为此向当地权力机关揭发此事,并且在他们看来,体系就是这么运作的。那么,腐败文化就会不断刺激人们的贪腐行为,以至于所有的人都是腐败的了。

然而,在实践层面,人们却很少意识到,腐败实际上根植于当地文化。许多研究伦理道德的学者在解剖分析形形色色的腐败现象时,往往忽视了滋生腐败的文化土壤。大量事实表明,长期以来,针对腐败文化的研究相当肤浅薄弱。在 Caiden 看来,正是无所不在的腐败文化使得一些官员服务公众的理念日渐销蚀,各种各样的腐败,包括社会腐败、政治腐败、经济腐败、行政腐败,之所以如百足之虫死而不僵是与根深蒂固的文化因素分不开、割不断的。这种腐败文化会进一步强化民众的腐败容忍度。反过来,要实现对腐败的有效治理,则需要根除社会贪腐的戾气,重建廉洁文化,尽管这一过程相当漫长。国际上那些廉洁的国家,如芬兰、丹麦、新西兰与新加坡等,都是在经历了数十年坚持不懈的反腐败斗争,才建立起了廉洁的文化,实现了高度廉洁的政治和社会氛围。

因此，社会反腐最重要的前提是形成良好的廉政文化，使得反腐败成为一种生活方式，让廉洁文化嵌入公众的内心世界，进而影响其反腐败的意愿和行动。廉政文化是一个社会支撑廉洁政府有效运行的文化形态，它包括以一系列有利于社会进步的价值判断为核心的社会主导意识形态，包括社会成员所具有的积极进取、健康向上的道德伦理观念，也包括人民群众对政府和官员进行监督、评价和约束的自觉意识，还包括培育和滋养这些意识形态、价值观的社会符号文化系统以及充满生机与活力的社会文化产业体系。近年来，随着反腐败的推进，"廉政文化"正在被"廉洁文化"所替代。与廉政文化相比，廉洁文化更加强调从社会的角度营造反腐败的良好社会氛围，强调社会公众是如何来认识腐败和评价腐败，更重要的是他们的反腐败意愿以及如何做出反腐败的行动，也就是公众对腐败行为的观念和态度。

国家中心主义的反腐败成绩斐然，但这一信息传递在社会层面上却并没有获得应有的预期。这就需要思考社会反腐的必要性与重要性。从腐败治理的阶段（运动反腐、权力反腐、制度反腐与社会反腐）来看，社会反腐是最高境界的反腐。腐败治理的可持续性需要实现从国家中心主义腐败治理模式到社会中心主义腐败治理模式的转变。从社会中心主义的腐败治理模式来看，关键在于重塑社会公众的廉洁文化。因此，接下来的反腐败工作应重点放在改进信息机制、增进社会公众的反腐绩效获得感以及建立公众反腐败的激励机制等，进而提升社会公众对腐败的感知和反腐败的态度以及反腐败的行动。

第三节　治理能力的提升

国家治理体系和国家治理能力现代化对于中国的政治发展，乃至整个中国的社会主义现代化事业来说，具有重大而深远的理论意义和现实意义。在韦伯看来，国家是由许多为国家领导层（行政权威）所领导和协调的机构组成，拥有在特定疆域内制定和执行对所有民众有约束力的规则的能力或权威，同时也是其他社会组织制订规则的限制因素。这些机构与制度构成了国家治理体系的基本要素。就中国而言，国家治理体系是在中国共产党领导下管理国家的制度体系，包括经济、政治、文化、社会、生态文明和党的建设等各领域体制机制、法律法规安排，也就是一整套紧密相连、相互协调的国家制度；而国家治理能力则是运用国家制度管理社会各方面事务的能力，包括改革发展稳定、内政外交国防、治党治国治军等各个方面。

作为执政党的中国共产党反复重申国家治理体系与国家治理能力现代化在某种程度上意味着中国现代国家的转型尚未完成。习近平在党的十九大报告中强调："全面依法治国任务依然繁重，国家治理体系和治理能力有待加强……全面深化改革总目标是完善和发展中国特色社会主义制度、推进国家治理体系和治理能力现代化……不断推进国家治理体系和治理能力现代化，坚决破除一切不合时宜的思想观念和体制机制弊端……从2020年到2035年，法治国家、法治政府、法治社会基本建成，各方面制度更加完善，国家治理体系和治理能力现代化基本实现……从2035年到本世纪中叶，……实现国家治理体系和治理能力现代化。"可见，国家治理体系和国家治理能力现代化是一个长期未竟的事业。正是在这个意义上，党的十九大报告明确全面深化改革总目标是完善和发展中国特色社会主义制度、推进国家治理体系和治理能力现代化。

与国家治理体系与治理能力现代化相关的两个重要的概念是国家专制权力和国家基础权力。国家专制权力是指国家精英可以不经过与市民社会常规、制度化的协商妥协而单独采取一系列行动的权力，它是一种国家精英凌驾于市民社会之上的权力；国家基础权力是指国家实际渗透到市民社会、在其统治的疆域内执行决定的能力，它是一种国家通过其基础结构渗透和集中协调市民社会活动的权力。通俗地讲，前者是政策制定的能力，后者是政策执行的能力。

基于美好生活目标的达成，本节主要从国家基础权力来回应国家治理体系与治理能力现代化这一命题。如上所述，国家基础权力是国家对社会的渗透能力以及在社会当中贯彻政策的能力，它不仅包括了国家机构和人员的下沉，而且还包括国家配置资源以实现特定目的的能力和管理民众日常行为的能力，是国家成功地以其规定的规则取代人们自身行为倾向或者其他社会组织规定的行为规则的能力。然而，在国家基础能力上中国的国家治理与国家治理能力的现代化相去甚远，公共政策的有效性往往在"最后一公里"被非理性所消解。从这个意义上讲，国家治理能力的提升关键在于重塑科层组织的理性，以下几方面是需要特别关注的。

首先是治理的清晰性。清晰性是国家治理的中心问题。然而，受制于信息不完备、社会事实的多样性、社会过程的复杂性以及社会结果的不确定性等，国家治理在很大程度上体现为模糊治理。事实上，在中国的传统治理结构中，由于治理能力与技术的不足，中华帝国被动地选择了缺乏数目字的"简约治理"。然而，在治理技术不断进步的情况下，仍然在政策制定和资源配置上凭经验估计的讨价还价方式以达成上下级之间的折扣式平衡的逻辑使得治理的有效性大打折扣。换言之，在当代社会治理技术的进步使得信息搜集的成本大大降低，国家治理应实现从模糊到清晰的转型。

其次是国家治理的制度化。中国官僚制与韦伯意义上的官僚制相去甚远，是一种典型的家产官僚制。在现实层面上，国家治理最为重要的载体——官僚体制的合法性基础实际上是建立在法理为表、克里斯马权威为里的基础上的。国家治理的核心不仅仅是庞大的官僚结构中的正式权威关系，而且更为重要的是各个层级上的非正式行为及其相应的非正式（却稳定的）制度安排。在此情况下，符合现代政府运行的基本规则无法实施，而只能通过各种非正式的规则和行为来对不合理的扭曲进行修正。这就使得科层组织的制度理性受到严重的威胁。在党政体制下"下管一级"与"对上负责"的制度安排下，履行公职的公务人员的规则意识更加弱化。具体而言，科层组织中的公务人员并不能严格地按照岗位说明书来履职，事实上，岗位说明书更多的是一种摆设，而不是对公职人员的职责设定和安全保障。正是在这个意义上，公务人员通过非正式渠道建立起上下级的人身依附关系进而寻求安全和晋升，而这正是腐败滋生的温床。已有的研究从个体特征、治理规模、治理绩效和政治背景等方面对官员晋升进行了深入探讨，其中政治背景中的人际关系被视为官员晋升的决定性因素。显而易见，忠于制度才是提升国家治理能力的核心。

最后是科层组织的激励设计。国家治理能力提升最为关键的核心在于组织的激励设计。基于笔者的研究，发现政府中临时工行为异化的重要根源在于其雇主激励的缺失。以警察为例，处于组织核心的警察最能获得组织激励的收益，而处于组织边缘的警察并不能获得相应的收益。因此，正式组织激励对他们来说已失去意义。在这种情况下，他们往往突破正式组织的激励范畴，强化自我激励，并在行动上表现为替代、避责、邀功和分利等行为。换言之，正式制度对于基层警察的激励效用在递减，他们进而寻求诸如闲暇、安全、租金等方面的实际收益。而作为临时工的辅警则为之提供了实现其自我激励及其行为的操作空间。对于辅警而言，其最大的激励在于获得安全与保障，依附于公安机关中的警察无疑是最为可行且有效的方式。而领导层的警察为了获得基层警察工作上的支持，往往对基层警察的某些违规但不影响其核心利益的行为采取了默许的态度。出于对免责的考虑，这些违规行为被转移到辅警的身上。这一组织激励结构如果不能得到有效的解决，国家治理能力的提升就难以实现。

中国共产党在其第十九次全国代表大会上关于美好生活的政治承诺就是要实现中国现代国家的转型。毫无疑问，实现美好生活是全体中国人民的最大公约数。然而，尽管改革以来经济社会的发展取得了举世瞩目的成就，但与美好生活仍然有相当的距离。立足于中国转型社会的实际，本章从国家的政治清明和国家治理能力的提升两个方面做了深入的讨论。从政治清明来看，惩治贪腐不能仅仅依靠国家机器的强力打击，更需要来自社会对腐败的零容忍。从提升国家治理能力的角度来看，关键在于重申理性，建立有效制度化的官僚体制。

参考文献

[1] Bahrami H. The emerging flexible organization: Perspectives from Silicon Valley [J]. The California Management Review, 1996, 34 (4): 55-75.

[2] Burns J P, Xiaoqi W. Civil Service Reform in China: Impacts on Civil Servants´Behavior [J]. The China Quarterly, 2010, 201: 58-78.

[3] Coase R H. The nature of the firm: influence [J]. Journal of Law, Economics, & Organization, 1988.

[4] Connelly C E, Gallagher D G. Emerging trends in contingent work research [J]. Journal of management, 2004, 30 (6): 959-983.

[5] Coyle Shapiro JA M, Kessler I. Contingent and non - contingent working in local government: contrasting psychological contracts [J]. Public administration, 2002, 80 (1): 77-101.

[6] De Jong J, Schalk R, De Cuyper N. Balanced versus unbalanced psychological contracts in temporary and permanent employment: Associations with employee attitudes [J]. Management and Organization Review, 2009, 5 (3): 329-351.

[7] Demsetz, Lehn. The Structure of Corporate Ownership: Causes and Consequences [J]. Journal of Political Economy. 1985 (93): 1155-1177.

[8] Depre, R. et al. Public Servants in Transition? In Farnhan, David etal, eds. , New Public Managers in Europe, Houndmills: Macmillan Press Ltd.

[9] DreehslerW. Governance, Good Governance and Government: The Case for Estonian Administrative Capacity [J]. Journal o f the Humanities and Social Seienees, 2004 (4): 388 -

396.

［10］DwightWaldo, Development of Democracy Administration, The American Political Science Review, Vol. 46, No1, 1952.

［11］Emerging Trends in Contingent Work Research ［J］. Journal of Management, 2004, 30 (6): 959-983.

［12］Abraham K G , Taylor S K . Firms Use of Outside Contractors: Theory and Evidence ［J］. Journal of Labor Economics, 1996, 14 (3): 394-424.

［13］Frank J. Goodnow, Politics andAdministration, New York, 1900.

［14］George E. External solutions and internal problems: The effects of employment externalization on internal workers´ attitudes ［J］. Organization Science, 2003, 14 (4): 386-402.

［15］Hall WA. Global Experience on Governance. Authority RT. Governance as Trialogue: Government – Society – Science in Transition. Berlin: Springer, 2005: 30-38.

［16］Heenalin, B. and M. Weisbanch. TheDeterminant of Board Composition ［J］. Journal of Economics 1988 (4): 589-606.

［17］Kooiman J. Governing asGovernance ［M］. London: Sage, 2003: 3-46.

［18］Kozica A, Kaiser S. A sustainability perspective on flexible HRM: how to cope with paradoxes of contingent work ［J］. Management revue, 2012: 239-261.

［19］Kung J K, Chen S. The tragedy of the nomenklatura: career incentives and political radicalism during China´s Great Leap Famine ［J］. American Political Science Review, 2011, 105 (01): 27-45.

［20］Kung K S, Chen S. The Tragedy of the Nomenklatura Career Incentives and Political Radicalism during China´s Great Leap Famine ［J］. American Political Science Review, 2011, 105 (1): 27-45.

［21］Larry D. Terry, Why We Should Abandon the Misconceived Quest to Reconcile Public Entrepreneurship with Democracy. Public Administration Review53 (4), 1993.

［22］LarryD. Terry, From Greek Mythology to the Real World of the New Public Management and Democrace (Terry Responsa), Public Administration Review, Vol. 59, No3, 1998.

［23］Larry D. Terry, From Greek Mythology to the Real World of the New Public Management.

［24］MelvinJ. Dubnick, The Case for Administration Evil: A Critique, Public Administration Review, vol. 60, no. 5, 2000.

［25］Meyer J W, Rowan B. Institutionalized organizations: Formal structure as myth and ceremony［J］. American journal of sociology, 1977: 340-363.

［26］Nollen S D. Negative Aspects of Temporary Employment［J］. Journal of Labor Research, 1996, 17（4）: 567-582.

［27］Peck J, Theodore N. Politicizing Contingent Work: Countering Neoliberal Labor Market Regulation from the Bottom Up?［J］. South Atlantic Quarterly, 2012, 111（4）: 741-761.

［28］Political Radicalism during China's Great Leap Famine［J］. American Political Science Review, Vol. 105, No. 1 February 2011.

［29］Reed B. Talons and Teeth: County Clerks and Runners in the Qing Dynasty［M］. Stanford University Press, 2000.

［30］Rhodes R. A. W. The NewGovernance: Governing without Government［J］. Political Studies Semp. 1996: 44.

［31］RobertA. Dahl, The Science of Public Administration: Three Problems, Public Administration Review, Vol. 7. No. 1. 1947.

［32］Selznick P. TVA and the grass roots: A study of politics and organization［M］. Univ of California Press, 1949.

［33］Sterba R L A. Clandestine management in the imperial Chinese bureaucracy［J］. Academy of Management Review, 1978, 3（1）: 69-78.

［34］Stiglitz. JosephE.（2001）, An Agenda for Development for the Twenty－First Century. in Anthony Giddens（ed）The Global Third Way Debate（Cambridge: Polity Press）.

［35］Vaiman V, Lemmergaard J, Azevedo A. Contingent workers: needs, personality characteristics, and work motivation［J］. Team Performance Management: An International Journal, 2011, 17（5/6）: 311-324.

［36］Williamson O E. Comparative economic organization: The analysis of discrete structural alternatives［J］. Administrative science quarterly, 1991.

［37］Williamson O E. Transaction cost economics［J］. Handbook of industrial organization, 1989, 1.

［38］艾伦·阿特舒勒, 大卫·吕贝罗福. 巨型项目: 城市公共投资变迁政治学［M］. 上海: 上海出版社, 2013.

[39] 奥尔森. 权力与繁荣 [M]. 苏长和, 嵇飞, 译. 上海: 上海人民出版社, 2005.

[40] 白锐. "行政国家"解析 [J]. 云南行政学院学报, 2005 (2).

[41] 鲍曼·Z. 现代性与大屠杀 [M]. 江苏: 译林出版社, 2002.

[42] 彼得·布劳, 马歇尔·梅耶. 现代社会中的科层制 [M]. 北京: 学林出版社, 2001: 17.

[43] 曹正汉. 中国上下分治的治理体制及其稳定机制 [J]. 社会学研究, 2011, 1 (1).

[44] 曹正汉. 集权的政治风险与纵向分权 [J]. 南方经济. 2013 (2): 1-11, 84.

[45] 查尔斯·T. 葛德塞尔. 为官僚制正名——一场公共行政的辩论 [J]. 上海: 复旦大学出版社, 2007: 14.

[46] 查尔斯·泰勒. 现代性之隐忧 [M]. 北京: 中央编译出版社, 2001.

[47] 陈家浩. 官僚制批判研究的新视角 [J]. 公共管理学报, 2010: 117-122.

[48] 陈振明. 公共管理学——一种不用于传统行政学研究的途径 [M]. 北京: 中国人民大学出版社, 2003.

[49] 戴黍, 牛美丽编译. 公共行政学中的批判理论 [M]. 北京: 中国人民大学出版社, 2008.

[50] 戴维·H. 罗森布鲁姆. 公共行政学: 管理、政治和法律的途径 [M]. 张成福, 译. 北京: 中国人民大学出版社, 2002.

[51] 戴维·毕瑟姆. 官僚制 [M]. 长春: 吉林人民出版社. 2005: 1.

[52] 道格拉斯·C. 诺斯. 经济史中的结构与变迁 [M]. 上海: 上海三联书店, 上海人民出版社, 1994.

[53] 杜赞奇. 文化、权力与国家 [M]. 江苏: 江苏人民出版社, 1994.

[54] 樊鹏. 转型社会中的国家强制: 改革开放时期中国警察研究 [D]. 香港中文大学, 2008.

[55] 菲利普·J. 库珀等. 二十一世纪的公共行政: 挑战与改革 [M]. 北京: 中国人民大学出版社, 2006.

[56] 费孝通. 中国士绅 [M]. 外语教学与研究出版社, 2011.

[57] 冯仕政. 西方社会运动研究: 现状与范式 [J]. 国外社会科学, 2003 (5): 66-70.

[58] 冯仕政. 中国国家运动的形成与变异：基于政体的整体性解释 [J]. 开放时代, 2011 (01)：73-97.

[59] 冯仕政. 中国国家运动的形成与变异：基于政体的整体性解释 [J]. 开放时代, 2011 (01)：73-97.

[60] 宫崎市定. 九品官人法的研究 [J]. （京都）同朋舍, 1956.

[61] 哈贝马斯. 交往与社会进化 [M]. 重庆：重庆出版社, 1989.

[62] 何海兵. 我国城市基层社会管理体制的变迁：从单位制, 街居制到社区制 [J]. 管理世界, 2003 (6).

[63] 何艳玲, 中国国务院（政务院）机构变迁逻辑——基于1949—2007年间的数据分析 [J]. 公共行政评论, 2008 (1).

[64] 何艳玲. 嵌入式自治：国家—地方互嵌关系下的地方治理 [J]. 湖北：武汉大学学报. 2009 (7)：495-501.

[65] 何艳玲. 问题与方法：近十年来中国行政学研究评估（1995—2005）[J]. 政治学研究, 2007 (1)：102-103.

[66] 何艳玲. 我国行政学研究反思工作述评（1996—2008）[J]. 公共行政评论, 2009 (5)：157-175.

[67] 亨利. 公共行政与公共事务 [M]. 北京：华夏出版社, 2002.

[68] 黄冬娅. 多管齐下的治理策略：国家建设与基层治理变迁的历史图景 [J]. 公共行政评论, 2010, 03 (4)：111-140.

[69] 黄亚生. 中国模式到底有多独特——基于中国、印度、巴西经济数据的比较分析 [J]. 深圳大学学报：人文社会科学版, 2012 (1).

[70] 黄宗智. 集权的简约治理——中国以准官员和纠纷解决为主的半正式基层行政 [J]. 开放时代, 2008 (2)：10-29.

[71] 霍布斯. 利维坦 [M]. 黎思复, 黎廷弼, 译. 北京：商务印书馆, 1985.

[72] 吉登斯·A. 现代性的后果 [M]. 江苏：译林出版社, 2000.

[73] 蒋永甫. 人类生存困境与政治国家的产生 [J]. 广西社会科学, 2009：1.

[74] 杰伊·D. 怀特, 盖·B. 亚当斯. 公共行政研究：对理论与实践的反思 [M]. 北京：清华大学出版社, 2005.

[75] 金观涛, 刘青峰. 中国现代思想的起源 [M]. 北京：法律出版社, 2011.

[76] 金怡, 丁勇. 我国现代辅警制度建设探析 [J]. 中国人民公安大学学报：社会

科学版, 2015, 31 (3): 108-118.

[77] 卡琳内斯库. 现代性的五副面孔 [M]. 顾爱彬, 等译. 北京: 商务印书馆, 2004: 47-48.

[78] 康芒斯. 制度经济学（上册）[M]. 北京: 商务印书馆, 1962.

[79] 克里斯托弗·胡德. 国家的艺术: 文化、修辞与公共管理 [M]. 上海: 上海人民出版社, 2009.

[80] 孔飞力. 中国现代国家的起源 [J]. 北京: 三联书店, 2013.

[81] 孔飞力. 叫魂——1768 年中国妖术大恐慌 [M]. 北京: 三联书店, 2013: 19-21.

[82] 库珀. 行政伦理学: 实现行政责任的途径 [M]. 张秀琴译. 北京: 中国人民大学出版社, 2001.

[83] 李侃如, 胡国成, 赵梅. 治理中国: 从革命到改革 [M]. 北京: 中国社会科学出版社, 2010.

[84] 李敏, 支配给付行政的法原理分析——从"行政国家"的特点谈起 [J]. 苏州大学学报, 2008 (7).

[85] 李泉, 孙宗锋. 当代官僚制范式观的误读与超越 [J]. 中国行政管理, 2014, 5: 020.

[86] 理查德, 斯格特. 组织理论: 理性、自然和开放系统 [M]. 北京: 华夏出版社, 2002.

[87] 理查德·J. 斯蒂尔曼二世. 公共行政学: 概念与案例 [M]. 北京: 中国人民大学出版社, 2004.

[88] 林奇富, 周光辉. 批判与重构: 公共权力的合法性与合理性 [J]. 吉林大学社会科学学报, 2001 (5): 10.

[89] 林尚立. 在有效性中累积合法性: 中国政治发展的路径选择 [J]. 复旦学报（社会科学版）, 2009 (02): 46－54.

[90] 刘建军, 马彦银. 从官吏分途到群体三分: 中国地方治理的人事结构转换及其政治效应 [J] 社会, 2016 (1): 76－98.

[91] 楼劲. "官吏之别"及"官吏关系"的若干历史问题 [J]. 社会, 2016 (1): 65－75.

[92] 卢梭. 社会契约论 [M]. 何兆武译. 北京: 商务印书馆, 1996.

[93] 罗伯特·B.登哈特.公共组织理论[M].竺乾威,译.北京:中国人民大学出版社,2005.

[94] 吕芳.中国地方政府的"影子雇员"与"同心圆"结构——基于街道办事处的实证分析[J].管理世界,2015(10):106-116.

[95] 马宝成.有效性:现代政治合法性的政绩基础[J].天津社会科学,2002(5):52-56.

[96] 马骏.经济、社会变迁与国家治理转型:美国进步时代改革[J].公共管理研究,2008(6).

[97] 马骏,刘亚平.中国公共行政学的身份危机[J].中国人民大学学报,2007(4).

[98] 马骏,颜昌武.西方公共行政学中的争论:行政科学还是政治哲学[J].中山大学学报(社会科学版),2009(2):155.

[99] 马骏.经济,社会变迁与国家重建:改革以来的中国[J].公共行政评论,2010(3).

[100] 马骏.西方公共行政学理论前沿[M].北京:中国社会科学出版社,2004:80.

[101] 马骏.中国公共行政学研究的反思:面对问题的勇气[J].中山大学学报(社会科学版),2006:73-76.

[102] 马克斯·韦伯.新教伦理与资本主义精神[M].北京:群言出版社,2007:9.

[103] 马克斯·韦伯.支配社会学[J].西宁:广西师范大学出版社,2004:21-23.

[104] 马克斯·韦伯.经济与社会[J].北京:商务印书馆(1997年),278-286.

[105] 毛寿龙.西方公共行政学名著提要[M].南昌:江西人民出版社,2006.

[106] [美]詹姆斯·Q.威尔逊美国官僚政治:政府机构的行为及其动因[M].北京:中国社会科学出版社,1995.

[107] 倪星.政府合法性基础的现代转型与政绩追求[J].中山大学学报(社会科学版),2006,46(4):81-87.

[108] 倪星.政府合法性基础的现代转型与政绩追求[J].中山大学学报(社会科学版),2006(04):81-87.

[109] 帕森斯·T.现代社会的结构与过程[M].北京:光明日报出版社,1988.

[110] 潘维,玛雅. 共和国一甲子探讨中国模式 [J]. 开放时代,2009 (5): 128-141.

[111] 钱穆. 中国历代政治得失 [M]. 第2版. 上海:三联书店,2005.

[112] 钱颖一,许成钢,董彦彬. 中国的经济改革为什么与众不同——M型的层级制和非国有部门的进入与扩张 [J]. 经济社会体制比较,1993 (01):29-40.

[113] 秦晓. 当代中国问题:现代化还是现代性 [M]. 北京:社会科学文献出版社,2009.

[114] 渠敬东. 项目制:一种新的国家治理体制 [J]. 中国社会科学,2012 (5).

[115] 瞿同祖. 清代地方政府 [M]. 北京:法律出版社,2003.

[116] 全钟燮. 公共行政的社会建构:解释与批判 [M]. 孙柏英,等译. 北京:北京大学出版社,2008.

[117] 让·雅克·卢梭. 社会契约论 [M]. 北京:中国社会科学出版社,2009.

[118] 任建涛. 国家治理的简约主义 [J]. 开放时代. 2010 (7):73-86.

[119] 荣敬本. "压力型体制"研究的回顾 [J]. 经济社会体制比较,2013,6:003.

[120] 芮明杰. 管理学:现代的观点 [M]. 上海:上海人民出版社,1999.

[121] 斯科特理查德. 制度与组织——思想观念与物质利益 [M]. 第3版. 北京:中国人民大学出版社,2010.

[122] 斯科特理查德. 组织理论:理性、自然与开放系统的视角 [M]. 北京:中国人民大学出版社,2011.

[123] 斯科特·马斯腾,奥利佛·威廉姆森. 交易成本经济学 [M]. 北京:人民出版社,2008.

[124] 孙立平. 社会主义研究中的新制度主义理论 [J]. 战略与管理,1997 (5):97-104.

[125] 唐皇凤. 常态社会与运动式治理——中国社会治安治理中的"严打"政策研究 [J]. 开放时代,2007 (03):115-129.

[126] 唐皇凤. 新中国60年治理体系的变迁及理性审视 [J]. 经济社会体制比较. 2009 (5):24-32.

[127] 王乐夫,张富. 试论公共行政价值异化 [J]. 中山大学学报(社会科学版),2004,44 (4):14-18.

[128] 王雅林. 中国的"赶超型现代化" [J]. 社会学研究,1994 (1):19-29.

[129] 王亚南. 中国官僚政治研究 [M]. 北京：中国社会科学出版社，1981.

[130] 奥利佛·威廉姆森. 资本主义经济制度 [M]. 上海：商务印书馆，2002.

[131] 韦伯. 新教伦理与资本主义精神 [M]. 西宁：广西师范大学出版社，2010.

[132] 韦伯作品集. 支配社会学 [M]. 西宁：广西师范大学出版社，2004：25.

[133] 魏娜，韩芳. 公共部门编外行政辅助人员管理：问题、思路与对策——以 X 市为例 [J]. 国家行政学院学报，2015（2）：110-114.

[134] 温冠英. "行政国家"与经济自由 [J]. 江西社会科学，2003（8）.

[135] 文森特·奥斯特罗姆. 美国公共行政的思想危机 [M]. 上海：上海三联书店，1999.

[136] 吴建南，马亮. 政府绩效与官员晋升研究综述 [J]. 公共行政评论，2009（2）：172-196.

[137] 辛逸. 试论人民公社的历史地位 [J]. 当代中国史研究，2001（3）.

[138] 熊一新. 警务改革背景下我国警务辅助力量建设——以英国和我国香港特别行政区辅警制度及警务改革为视角 [J]. 中国人民公安大学学报：社会科学版，2014，30（4）：1-16.

[139] 休斯，张成福. 公共管理导论：第3版 [M]. 中国人民大学出版社，2007.

[140] 亚当·斯密. 国民财富的性质和原因的研究 [M]. 郭大力，王亚南，译. 上卷. 北京：商务印书馆，1972.

[141] 颜昌武. 公共行政的现代性叙事：反思与批判 [J] 学术研究，2009（6）.

[142] 颜昌武，刘亚平. 公共行政学的逻辑困境及其化解 [J]. 武汉大学学报（哲学社会科学版），2007（6）：922.

[143] 颜昌武，马骏. 公共行政学百年争论，北京：中国人民大学出版社，2008.

[144] 颜昌武. 公共行政的现代性叙事：反思与批判 [J]. 学术研究，2009（6）：54.

[145] 杨圣明. 价格双轨制的历史地位与命运 [J]. 经济研究，1991（4）.

[146] 姚洋. 中国模式及其前景 [J]. 中国市场，2010（24）.

[147] 姚洋. 转轨中国：审视社会的公正和平等 [M]. 北京：中国人民大学出版社，2004：5.

[148] 叶静. 地方软财政支出与基层治理 [J]. 社会学研究，2016（1）：104-167.

[149] 叶炜. 南北朝隋唐官吏分途研究 [M]. 北京：北京大学出版社，2009.

[150] 于建嵘. 人民公社的权力结构和乡村秩序 [J]. 衡阳师范学院学报, 2001, 22 (5).

[151] 郁建兴, 王诗宗. 治理理论的中国适用性 [J]. 哲学研究. 2010 (11): 114-120, 129.

[152] 张成福. 发展、问题与重建: 论面向21世纪的中国行政科学 [J]. 政治学研究, 1996 (1): 57-62.

[153] 张纯明. 中国政治二千年 [M]. 北京: 当代中国出版社, 2014.

[154] 张静. 行政包干的组织基础 [J]. 社会, 2014, 34 (6): 85-97.

[155] 张曙光. 现代性论域及其中国话语 [M]. 武汉: 武汉大学出版社, 2010: 14.

[156] 张衔. 我国现阶段罢工的性质、原因与政策建议 [J]. 中国社会科学, 2011 (1).

[157] 张研, 牛贯杰. 19世纪中期中国双重统治格局的演变 [M]. 北京: 中国人民大学出版社, 2002: 85.

[158] 赵世瑜. 两种不同的政治心态与明清胥吏的社会地位 [J]. 政治学研究, 1989 (1): 50-56.

[159] 折晓叶, 陈婴婴. 项目制的分级运作机制和治理逻辑——对"项目进村"案例的社会学分析 [J]. 中国社会科学, 2011 (4).

[160] 珍妮特·V. 登哈特, 罗伯特·B. 登哈特, 等. 新公共服务: 服务, 而不是掌舵 [M]. 北京: 中国人民大学出版社, 2004.

[161] 郑崇明. 论我国公共权力合法性及其变迁 [J]. 岭南学刊, 2008 (3).

[162] 郑崇明. 涂刚鹏. 论我国公共权力合法性及其变迁 [J]. 岭南学刊, 2008 (5): 38.

[163] 郑崇明. 论克里斯马, 职业激励与国家运动 [J]. 电子科技大学学报 (社科版), 2014 (4): 001.

[164] 郑崇明. 超越公平与效率的公共权力产权分析 [J]. 广东行政学院学报, 2008 (3): 7.

[165] 郑崇明. 从管理主义到宪政主义的公共行政学 [J]. 社会科学管理与评论, 2009 (1): 108.

[166] 郑崇明. 多元视域下中国官僚制合法性解析 [J]. 西南交通大学学报 (社会科学版), 2011 (3): 67.

[167] 郑崇明. 公共行政学的起源、演进与现代性困惑 [J]. 甘肃行政学院学报, 2011（3）：43.

[168] 郑崇明. 中国行政国家合法性的历史变迁与路径选择 [J]. 湖北社会科学, 2010（6）：36.

[169] 郑兴凤, 程志敏. 梦断现代性 [M]. 上海书店, 2006.

[170] 郑永年. 国际发展格局中的中国模式（英文）[J]. Social Sciences in China, 2010（2）.

[171] 周保明. 二十多年来中国古代吏制研究述略 [J]. 中国史研究动态, 2006（11）：10-19.

[172] 周飞舟. 锦标赛体制 [J]. 社会学研究, 2009（03）：54-77.

[173] 周黎安, 王娟, 周雪光, 等. 行政发包制与雇佣制：以清代海关治理为例 [J]. 国家建设与政府行为研究文集. 北京：中国社会科学出版社, 2012.

[174] 周黎安. 行政发包的组织边界兼论"官吏分途"与"层级分流"现象 [J]. 社会, 2016（1）：34-64.

[175] 周黎安. 再论行政发包制：对评论人的回应 [J]. 社会, 2014, 34（6）：98-113.

[176] 周黎安. 中国地方官员的晋升锦标赛模式研究 [J]. 经济研究, 2007, 7（36）：36-50.

[177] 周黎安. 转型中的地方政府：官员激励与治理 [M]. 上海：格致出版社, 2008.

[178] 周黎安. 行政发包制 [J]. 社会, 2014（6）：1-38.

[179] 周欣. 论行政国家 [D], 西南政法大学, 2007.

[180] 周雪光, 赵伟. 英文文献中的中国组织现象研究 [J]. 社会学研究, 2009（6）.

[181] 周雪光. "逆向软预算约束"：一个政府行为的组织分析 [J]. 中国社会科学, 2005（2）：132-143.

[182] 周雪光. 从"黄宗羲定律"到帝国的逻辑：中国国家治理逻辑的历史线索 [J]. 文化纵横, 2014（5）：14-14.

[183] 周雪光. 从"官吏分途"到"层级分流"：帝国逻辑下的中国官僚人事制度 [J]. 社会, 2016（1）：1-33.

[184] 周雪光. 国家治理逻辑与中国官僚体制: 一个韦伯理论视角 [J]. 文化纵横, 2013 (3): 14-14.

[185] 周雪光. 行政发包制与帝国逻辑周黎安《行政发包制》读后感 [J]. 社会, 2014, 34 (6): 39-51.

[186] 周雪光. 基层政府间的"共谋现象"——一个政府行为的制度逻辑 [J]. 社会学研究, 2008, (6): 1-21.

[187] 周雪光. 权威体制与有效治理: 当代中国国家治理的制度逻辑 [J]. 开放时代, 2011, 10: 67-85.

[188] 周雪光. 运动型治理机制: 中国国家治理的制度逻辑再思考 [J]. 开放时代, 2012 (9): 105-125.

[189] 周雪光. 组织社会学十讲 [M]. 北京: 社会科学文献出版社, 2009.

后　记

　　我大概算是一个资质有限但还比较踏实的教员。2006年，从武汉大学毕业后，我来到海南大学，从事公共行政专业的教学科研工作；2012年，我从学院调到海南大学校长办公室，开始接触行政事务；2016年，我又从行政岗位回到学院教学科研岗位。公共行政学的确是一门理论与实践紧密结合的学科。高校的行政工作毕竟与政府行为有着本质的差别，为了进一步了解公共行政的真实世界，我先后在海南省教育厅和海南省人力资源劳动和社会保障厅挂职，参与了省级政府职能部门的日常工作和专项工作。这些工作经历极大地丰富了我对公共行政理论与实践的认知。对于行政工作中的每一件事情，我总是以公共行政的学科视角来观察和审视政府的行为。挂职锻炼为我开展学术研究提供了非常好的机会，也更能深切地体会到公共行政学科理论与实践紧密结合的意义。

　　这本书是对我过去十多年学术研究生涯的一个总结。2008年秋，我有幸参加了中山大学政治与公共事务管理学院主办的《行政国家学术论坛》。这次会议对我很受启发，2008年是中国学者反思中国公共行政的重要年份，国内公共行政学者倡导研究中国公共行政的真实世界。从那时起，我开始关注行政国家的合法性领域，并着手开始撰写一些论文。读博期间，在我的博士生导师倪星教授的引领和指导下，我对组织理论产生了浓厚的兴趣。在撰写这本专著时，无意间发现这些研究片段都可以纳入组织学研究的范畴。正因在这个意义上，我将本书的名字定为《公共行政的中国面向：一个组织学的视角》。从组织学的角度看，这本书的内容涉及组织的发生机制、组织环境、组织结构、组织主体、人事安排、组织权力等。需要说明的是，本书不仅没有穷尽组织的所有要素，也没有形成一个完整的分析框架，它更多的是立足于中国场景的片段分析。当然，这些研究仅仅是一些不成熟的思考，毕竟讲述中国故事不仅需要勇气，更需要扎实的理论功底和实践审思。这对我来说无疑是相当困难的。

出版专著是一件非常严肃的事情。对学术研究者而言，作品等于生命，是需要终生对其负责的。坦率地讲，对于此书的出版，心里惶恐万分。在这里，我要特别感谢我的博士生导师倪星教授，青青珞珈山，葱葱康乐园，一路走来，倪老师的谆谆教导永远铭记于心，感恩于怀；感谢海南大学政治与公共管理学院张治库教授和李宜钊教授，正是在他们的鼓励和支持下，我才鼓起勇气整理书稿，本书的出版也得到了学院学科建设专项资金的资助；感谢《甘肃行政学院学报》主编罗梁波先生多年来的鼓励；感谢公共管理学界同仁的支持与厚爱；感谢前人的研究成果，书中引用了他们大量的文献；感谢吉林大学出版社提供了难得的机会和平台。时间仓促，难免有诸多错误之处，恳请读者多多批评指正。

在本书完结之际，我已经离开海南大学前往深圳大学工作。2019年8月18日，中共中央、国务院发布了《关于支持深圳建设中国特色社会主义先行示范区的意见》，庆幸自己遇上了最好的时代和最好的城市，也感谢自己能够遵从内心的选择，坚定地拥抱崭新的未来。新的生活已经开始，尽管身处繁华，我将一如既往，隐去喧嚣，寄身小楼，以一颗更加平常的心，努力做好自己，不敢有所期待，唯有不断前行。

郑崇明

2019年8月20日于荟芳园